푸드닥터 차은정과 함께 떠나는 신/라/약/선/요/리

신라의 임금님은 무엇을 먹었을까요?

푸드닥터 차은정과 함께 떠나는 신/라/약/선/요/리

신라의 임금님은 무엇을 먹었을까요?

ⓒ 경주신라약선사업단, 2021

인쇄일 2021년 05월 24일
발행일 2021년 05월 31일

글 차은정
그림 탁영호

발행처 경주신라약선사업단
주소 38048 경북 경주시 현곡면 용담로 443-51
전화 054-773-6855
메일 silla9jinmi@naver.com

출판처 예술과마을
등록 2014년 3월 25일(제2014-000006호)
주소 38145 경상북도 경주시 북성로 80-11(동부동) 헤렌하우스 103호
전화 010-8030-6919
메일 eulinjae@naver.com
제작 서정바인텍

ISBN 979-11-969688-7-8 (07590)
정가 15,000원

*이 도서는 경주신라약선사업단의 지원을 받아 제작되었습니다.
*잘못 만들어진 책은 바꾸어 드립니다.

푸드닥터 차은정과 함께 떠나는 신/라/약/선/요/리

신라의 임금님은 무엇을 먹었을까요?

글 차은정 | 그림 탁영호
경주신라약선사업단 펴냄

예술과마을

안녕하십니까? 국회의원 김석기입니다.

신라음식을 대중화하고 나아가 경주 향토음식의 브랜드화 실현을 위해 신라음식 이야기를 만화책으로 발간하게 됨을 매우 뜻깊게 생각하며 진심으로 축하드립니다. 아울러 코로나 19 감염증으로 인해 어려운 여건 속에서도 『신라의 임금님은 무엇을 먹었을까요?』 만화책이 발간되기까지 일념으로 기획하고 집필해오신 신라전통음식 차은정 명인을 비롯한 신라약선사업단 관계자 여러분들의 정성과 노고에 깊은 감사의 말씀을 드립니다.

오늘날 대한민국이 세계 속에 한류의 바람을 일으키며 문화강국으로 거듭나기까지는 민족 정체성의 원류인 찬란한 천년 왕조 신라의 역사와 문화가 면면이 이어졌기에 가능했다고 생각합니다.

그럼에도 불구하고 그동안 신라음식에 대한 연구가 단편적인 것에만 그치며, 체계적인 연구와 학술적인 논의가 뒤따르지 못했던 것이 사실입니다. 이러한 가운데, 신라음식에 대한 올바른 이해와 민족 역사성 고취 필요성에 부합하고 신라음식 체험자들에게 교재로 보급하기 위해 이번에 발간되는 『신라의 임금님은 무엇을 먹었을까요?』 만화책은 말 그대로 신라음식의 집대성을 통해 민족 정체성 확립에 기여함은 물론, 신라음식의 역사적 가치를 재조명함으로써 미래 경주의 향토음식이 발전하는 방향을 모색하는 밑거름이 될 것입니다.

신라음식 관련 만화책 발간으로 신라 천년 고도의 자존감을 회복하고 체계적인 신라 향토음식 정리를 통한 새로운 천년의 미래 비전을 제시해 다시 한 번 향토음식의 새 시대를 열어갈 원동력이 될 것이라 확신합니다. 이에 그 원동력을 바탕으로 신라음식의 경쟁력 강화와 경주 경제 활성화를 위해 앞으로 시행될 신라왕경복원·정비사업이 역사적 고증 과정

을 거친 문화유적의 재현이라는 국민적 공감대 형성에도 큰 탄력을 받을 수 있을 것이라
생각합니다.

아무쪼록 이번 신라음식 이야기를 내용으로 한 『신라의 임금님은 무엇을 먹었을까요?』
만화책 발간이 단순한 책자 발간이 아닌 역사 속의 다양한 콘텐츠를 활용한 미래 경주 향
토음식 산업 발전에 신호탄이 되기를 기대합니다. 다시 한 번 『신라의 임금님은 무엇을 먹
었을까요?』 만화책 발간을 진심으로 축하드리며, 경주신라약선사업단 여러분들의 가정에
건강과 행복이 충만하시길 기원합니다.

축사 __ 주낙영(경주시장)

천년의 향기를 가슴에 품고 먹거리의 역사를 이어가는 귀한 사명감으로 힘차게 달려온 신라약선사업단이 이번에 '푸드닥터 차은정과 함께 떠나는 신라약선요리'—『신라의 임금님은 무엇을 먹었을까요?』 만화를 발간하게 됨을 진심으로 축하드립니다.

예기치 않은 역병으로 인하여 온 국민이 어려움을 겪고 있는 이런 때 면역력을 강화시키는 신라약선요리를 통해 100세 시대 건강한 삶을 사는 데 도움이 되기를 기대해봅니다.

우리나라 최초의 식의서인 『식료찬요(食療纂要)』의 서문에는 "음식이 첫째이고 약은 다음이니 먼저 음식으로 다스리고 낫지 않으면 약으로 다스려야 한다"라고 소개하고 있듯이 신라 임금님들도 약보다 음식으로 면역력을 키워 질병을 막고 다스렸습니다.

『신라의 임금님은 무엇을 먹었을까요?』라는 제목에서 보듯이 왕들은 음식으로 면역력을 키우는 게 핵심이었습니다. 이런 신라 임금님들의 음식문화를 현대적으로 재해석하여 탄생시킨 만화를 통해 보다 쉽게 이해하고, 의미 있게 다가가고, 재미있게 체험할 수 있는 기회를 가질 수 있음은 상당히 고무적이라 할 수 있겠습니다.

신라약선요리를 통해 피곤에 지친 현대인의 건강한 식생활에 도움이 되길 바라며 다시 한 번 신라약선요리 만화 발간을 진심으로 축하드립니다.

축사 _ 서호대(경주시의회 의장)

신라 약선음식의 대가 차은정 명인과 함께하는 『신라의 임금님은 무엇을 먹었을까요?』 만화 발간을 매우 뜻깊게 생각하며 진심으로 축하드립니다. 먼저 신라의 약선음식을 현대에 맞도록 재조명하기 위해 사업단을 발족하여 경주의 향토산업 육성에 많은 애를 쓰시는 경주신라약선사업단과 관계자 여러분들께 깊이 감사를 드립니다.

조선시대 음식으로 질병을 치료하는 방법을 기록한 의서 『식료찬요(食療纂要)』에는 "음식이 첫째이고 약은 다음이니 먼저 음식으로 다스리고 낫지 않으면 약으로 다스려야 한다"라고 소개하고 있는데, 이는 코로나19에 대한 완전한 백신과 치료제가 없는 우리에게 식치(食治)로 병을 다스리고 이길 수 있다는 중요한 의미를 남기고 있습니다.

이러한 음식의 중요성을 만화책으로 발간함으로써 누구나 쉽게, 언제, 어디서나, 재미있게 읽을 수 있게 만들어 신라약선음식에 대한 재미와 흥미를 높일 수 있는 계기가 될 것입니다. 또한 만화책 발간으로 신라 약선음식과 전통음식의 원형이 잘 보존된 경주 음식이 잊혀지지 않고 계속 이어질 수 있도록 하는 데 큰 의의가 있습니다. 나아가 단순히 문화 관광에서 벗어나 요즘은 힐링 여행의 중요성이 대두되고 있습니다. 그 중에서도 먹거리 관광이 트렌드로 자리 잡고 있어서, 경주신라약선사업단에서 음식과 제품을 연구 개발하여 현대인의 입맛에 맞게 개선해 우리 음식의 우수성을 널리 알리고, 경주를 대표하는 음식을 개발하여 경주를 찾는 관광객이 더욱 많아지길 기대하겠습니다.

아무쪼록 경주신라약선사업단에서 정성껏 준비한 『신라의 임금님은 무엇을 먹었을까요?』 만화책에 전 국민의 많은 관심을 부탁드리며, 코로나19로 힘든 시간을 보내고 있는 우리들의 마음을 안정시키고 평화롭게 해주는 힐링푸드가 많이 전승되고 개발되길 희망합니다.

축사__박차양(경북도의회 의원)

안녕하십니까? 경상북도의회 농수산위원회 박차양 도의원입니다.

신라 왕도 천년의 찬란한 음식 문화를 계승하고 세계화하기 위하여 신라약선 음식 이야기를 만화로 발간하게 된 것을 진심으로 축하드립니다.

『신라의 임금님은 무엇을 먹었을까요?』 만화책이 발간되기까지 혼신의 힘을 다해주신 차은정 박사님과 관계자 여러분의 노고에 감사드립니다.

2018년 발족된 신라약선사업단은 경주 천마총에서 출토된 구절판 모양의 칠기 철판을 토대로 아홉 가지 보배 같은 맛, 즉 '구진미(九珍味)'를 통합브랜드로 개발하였을뿐더러 신라문화제 행사에서 신라 왕들이 식이요법으로 먹던 50가지의 『식료찬요(食療纂要)』 밥상을 재현하기도 했습니다.

또한 경주신라약선사업단은 생산 농가와 식품 기업들을 연계하여 공동으로 연구개발한 결과 농가들은 GAP 인증을, 식품기업들은 HACCP 인증을 받아 생산에서 판매에 이르기까지 안전한 먹거리를 제공하는 데 앞장서고 있으니 이는 경주시의 6차 산업 표준이라고 봅니다.

다시 한 번 『신라의 임금님은 무엇을 먹었을까요?』 만화책 발간을 축하드리며 우리의 건강한 음식이 과거에서 배우고 현재에서 재현하며 세계로 국제화하는 미래 먹거리로 이어지길 바랍니다.

이번에 『신라의 임금님은 무엇을 먹었을까요?』 만화책을 발간하게 되어 대단히 기쁘고 자랑스럽게 생각합니다. 그러나 코로나19 때문에 사람이 사람을 피해야 하는 지금 갑갑하고 우울한 현실이 안타깝기만 합니다. 겨울이 지나면 봄이 오듯이 머지않아 이 난국이 끝이 나고 우리 함께 손잡고 이야기하고 머리 맞대고 웃는 그날이 올 것입니다.

경주신라약선사업단은 경주에 존재하는 유·무형의 향토자원을 발굴하고 지역에서 생산되는 농·축·특산물을 기반으로 약선 사업을 2~3차 산업의 융·복합된 지역 핵심전략 산업으로 육성하기 위하여 농림축산식품부에서 주관하는 향토산업 육성사업을 효율적으로 추진할 목적으로 설립된 사업단입니다.

경주신라약선요리를 재현하기 위하여 오랫동안 연구와 교육을 꾸준히 해온 차은정 교수의 노력의 결실로 『신라의 임금님은 무엇을 먹었을까요?』 만화책을 발간하게 되어 매우 고맙고 자랑스럽게 생각합니다.

우리 민족은 예로부터 전통문화를 중시하는 전통이 있습니다. 전통문화 유산을 계승하고 발전시키는 것은 우리의 책무이기도 합니다.

만화는 누구나 쉽게, 언제, 어디서나, 부담 없이, 재미있게 읽을 수 있다는 것이 장점입니다. 특히 어린이나 청소년들이 더욱 좋아하는 것이기도 합니다. 이 책을 어린이와 청소년들에게 읽게 하는 것은 중요한 기초교육의 장점을 살리는 길이기도 할 것입니다.

신라인의 후예로서 신라전통음식에 관한 한 권의 책이 신라의 모든 것을 다 말할 수는 없겠지만 우리 신라의 문화가 세계 전통문화의 한 갈래로서 씩씩하게 자라야 세계 전통문화가 더욱 발전할 것입니다.

신라 약선요리를 더욱 계승하고 연구 및 발전시켜 세계인이 배우고 즐기는 음식이 될 그
날을 기대합니다. 이 만화가 어린이와 청소년 그리고 모든 분들이 신라약선에 관한 공부가
되고 조상의 자랑스러운 유산을 같이 함께 배우는 책이 되었으면 합니다.

책을 발간하기 위해 수고하신 차은정 교수님과 만화가 탁영호 님께 다시 한 번 감사의 말
씀을 드리며, 출판에 도움을 주신 모든 분들께도 고맙다는 인사를 드립니다.

머리말 __ 차은정(라선재 대표 · 경주시 신라전통음식 명인)

안녕하세요? 여러분, 반갑습니다.
우선 신라음식을 사랑하고 신라음식 이야기를 기다리던 많은 분들에게 누구나 쉽게 보고,
재밌게 즐길 수 있는 만화책을 완성하게 되어 무엇보다도 기쁘고 행복합니다.

한 나라의 음식문화는 자연환경으로부터 가장 많은 영향을 받습니다. 아울러 거기에는
선조들의 식생활 습관을 근거로 계승되어온 고유한 "식(食)—생활방식(life style)"을
포함하고 있습니다.

식문화를 연구할 때는 지리적인 요소와 인문사회학적 접근이 중요하며 벽화나 민요,
구전으로 전해 내려오는 음식에 얽힌 이야기와 유물들이 소중한 근거자료가 되기에
기록은 대단히 중요한 역사적 배경이라 하겠습니다.

그런 의미에서 "신라의 임금님은 무엇을 먹었을까?"라는 주제로 만화책을 쓰게 되었고
신라의 이사금, 미추왕, 소지왕, 선덕여왕, 태종무열왕, 신문왕, 문무대왕, 진평왕, 김유신
장군, 성덕대왕, 법흥왕, 경순왕을 중심으로 역사와 지혜, 사랑을 테마로 하여 신라음식을
구성하게 되었으며 어린이, 학생, 가족뿐만 아니라 관광객에게도 유익하고 재밌는
체험교재로도 활용하고 보급하고자 합니다.

신라음식 이야기가 세상 밖으로 나오도록 지원을 해주신 농림축산식품부, 경상북도,
경주시에 깊은 감사의 말씀을 드리며, 항상 곁에서 동고동락하는 라선재 차상현 회장님,
정찬숙 이사님, 김정훈 이사님, 염명희 선생님, 김나연 님, 그리고 항상 곁에서 지켜보며
큰힘이 되어주는 반려자 김상우 님께도 큰 고마움을 전합니다. 아무쪼록 이 만화를 읽는
많은 독자 분들이 전통음식에 쉽게 다가갈 수 있는 계기가 되었으면 합니다.

차례 | 신라의 임금님은 무엇을 먹었을까요?

연이의 경주여행

경주로 이사 오니까 어때?

응, 좋아. 도시 전체가 박물관 같거든.

박물관?

신라 천년의 역사가 도시 곳곳에 스며 있어.

내가 우리 경주를 소개해줄게.

고마워.

역사가 깊은 도시답게 한옥집들도 많구나.

전통 한옥 체험도 경험할 수 있지.

여기는 경주의 대표적인 여행 코스인 불국사야.

세계문화 유산으로 등록된 사찰이잖아.

불국사 안에는 석가탑과 다보탑도 있어.

정말 아름다운 석탑이구나.

불국사에서 멀지 않은 곳에 세계문화유산이 하나 더 있어. 우리 보러 가자.

우와! 세계가 인정한 역사 문화도시구나.

석굴암은 통일신라의 높은 문화와 과학기술로 만들어진 국보 중의 국보야.

분위기가 신비로우니까 내 마음도 경건해지는 것 같아.

이 밖에도 경주는 도시 전체가 야외 역사 박물관답게 곳곳에 문화재들이 살아 숨 쉬고 있어.

문화재뿐만 아니라 자연환경도 너무 아름다운 것 같아.

헤헤… 서서히 경주의 매력에 빠지고 있구나.

이곳은 신라의 전통음식을 맛보고 체험할 수 있는 '라선재'라는 곳이야.

와, 크다!

어서 오세요.

안녕 하세요.

신라의 음식이 궁금해서 왔어요.

예, 잘 오셨어요.

'라선재'는 신라의 약선음식들을 체험할 수 있는 곳이에요.

약선음식이 뭐예요?

'약이 되는 음식'이라는 뜻이에요.

그래서 약선음식의 기초양념이 되는 계절별 산나물이나 나무뿌리, 열매, 잎 등을 자연에서 채취하여 발효·저장하고 있는 약초 양념 발효실을 운영하고 있어요.

와! 몸에 좋을 것 같아요.

신라는 찬란한 문화답게 음식도 확실히 다르네요.

예~ 다르죠. 신라음식에 대해 『삼국유사』에 보면 기록이 나오는데요.

어떤 기록인데요?

문무대왕의 동생 차득공이 재상이 되어 '안길'이라는 친구가 찾아왔을 때 50가지나 되는 음식을 대접했대요.

꿩으로 만든 만두, 밥과 생선을 넣어 삭힌 밥식해, 돼지고기에 된장으로 맛을 내어 구운 맥적 등 다양해요.

50가지요? 어떤 음식들일지 궁금해요, 선생님.

그럼, 신라의 역사와 임금님들의 지혜와 사랑으로 유래가 된 음식에 대해 알아볼까요?

좋아요~!!

이사금의 계절떡

'왕(王)'을 뜻하는 순우리말이 '임금' 인 것은 다들 아시지요?

그런데 사실 신라시대에는 '임금'을 뜻하는 말이 여러 가지 있었어요.

신라 제1대 혁거세왕은 '혁거세거서간' 이라고 불렸고,

신라 제2대 남해왕은 '남해차차웅' 이라고 불렸어요.

'거서간(居西干)'이나 '차차웅(次次雄)'은 둘 다 '하늘에 제사를 지내는 사람'을 가리키는 옛말인데,

아주 오랜 옛날에는 임금이 직접 앞장서서 하늘에 제사를 지내며 나라의 안녕을 빌었기 때문에 이렇게 불렀답니다.

그러면 오늘날처럼 '왕'을 '임금'이라고 부르기 시작한 것은 언제부터였을까요?

왕?

임금?

'임금'은 '이사금'이라는 옛말이 오랜 세월이 흐르면서 변한 것인데, 여기에는 아주 재미있는 이야기가 숨어 있답니다.

때는 신라 제2대 남해왕 시절이었어요.

이때 신라는 외적의 침입이 잦은 데다가 가뭄과 병충해로 백성들의 생활은 힘겹기 짝이 없었지요.

남해왕은 밖으로는 외적을 물리치고,

안으로는 굶주리는 백성들을 보살피다가 마침내 병이 들어 자리에 누웠어요.

걱정이 태산 같아 잠이 오질 않는구나!

아, 장차 이 위태로운 나라의 왕위를 누구에게 물려주어야 한단 말인가!

왕위는 큰아들에게 물려주는 것이 마땅하옵니다.

큰아들 박유리를 말하는 거냐?

그렇습니다, 전하!

그래서 걱정이야…

박유리 큰 왕자는 인품도 좋고 학식도 높은데 무슨 걱정이옵니까?

차라리 바보였으면 좋았을 텐데…

남해왕의 걱정은 큰딸의 남편 석탈해 때문입니다.

큰사위 석탈해가 평소 덕망이 높아서 칭찬이 자자하지 않더냐?

아! 유리에게 물려줄 것인가, 탈해에게 물려줄 것인가, 그것이 문제로다!

남해왕의 고민을 눈치챈 큰아들 유리가 말했어요.

아바마마.

오 유리구나.

아바마마, 저보다는 인품이 훌륭한 탈해에게 왕위를 물려주시지요? 저는 괜찮습니다.

에고, 착한 것…

이 얘기를 들은 큰사위 석탈해도 남해왕을 찾아왔습니다.

전하, 탈해이옵니다.

오, 어서 오너라.

요즘 근심이 많아 용안이 안 좋아 보입니다. 그 근심을 덜어드리려고 제가 찾아왔습니다.

?

왕위는 인품보다는 지혜로운 사람이 물려받아야 한다고 생각하옵니다.

지혜?

그것을 어떻게 알 수가 있다는 거냐? 그래서 더 답답하구나.

제가 듣기로 다른 사람들보다 치아의 개수가 많은 사람은 지혜롭다고 합니다.

그러니 우리 두 사람이 떡을 깨물어 누구의 치아 개수가 더 많은지 알아보는 것이 좋겠습니다.

어허, 네 생각이 깊고 옳구나!

남해왕은 유리 왕자를 불러 탈해와 함께 자리를 만들었습니다.

이 떡을 물어 너희들의 치아 개수를 알아보자.

유리 왕자가 먼저 흰떡을 깨물었고, 그러고 나서 입 안에서 떡을 꺼내어

그 떡에 찍힌 치아의 개수를 헤아려보았지요.

누구의 치아가 더 많은가?

음…

유리 왕자님의 치아 개수가 더 많습니다.

그리하여 남해왕의 큰아들 유리가 아버지의 뒤를 이어 왕위에 올랐으니 이분이 바로 신라 제3대 유리왕입니다.

그리고 이때부터 '왕(王)'을 가리키는 말을 '이사금(尼師今)'이라 불렀는데,

이것은 당시 '치아의 자국'을 뜻하는 말이었습니다.

이사금 납시오!

그리고 이 말이 오랜 세월이 흐르면서 변하여 '임금'이 되었지요.

임금이 된 유리왕(유리이사금)은 과연 지혜로워 태평성대를 열었어요.

서라벌을 급량부 · 사량부 · 본피부 · 점량부 · 한지부 · 습비부 — 여섯 고을로 나누었으니 이것이 '육부촌'이다.

그리고 백성들에게 6가지 성씨, 즉 이 · 최 · 정 · 손 · 배 · 설씨를 지어주었는데

이것이 유명한 '신라 6성(姓)'입니다.

이씨 최씨 정씨 손씨 설씨 배씨

뿐만 아니라 신라가 살기 좋다는 소문이 주변 나라에까지 퍼져 사람들이 신라로 몰려오기도 했지요.

홀아비, 과부, 고아, 노인, 환자들을 잘 보살폈기 때문이야.

이에 유리왕은 기쁜 마음으로 노래를 지어 불렀으니 이것이 '도솔가(兜率家)'로서 신라 가락의 시초가 되었습니다.

지금 우리 민족의 최대 명절인 한가위 추석이 시작된 것도 유리왕 때였어요.

유리왕은 서라벌 여섯 고을의 부녀자들을 2패로 나누어 음력 7월 16일부터 음력 8월 15일까지 한 달 동안 길쌈을 하도록 하여

마지막날에 어느 편이 옷감을 더 많이 짰는지 비교해보고는

아랫마을 승!

진 편이 이긴 편에게 술과 밥과 떡을 장만하여 대접하면서 춤과 노래가 어우러진 한바탕 큰 잔치를 벌였습니다.

이것이 당시 신라말로 '가배(嘉俳)'라 하였는데,

오늘날 '한가위' 추석 명절의 유래가 되었지요.

세월이 흘러 유리왕이 죽고 그 뒤를 이은 사람이 유리왕보다 치아 개수가 적었던 신라 제4대 탈해이사금입니다.

그리하여 제16대 흘해왕까지 신라에서는 임금을 '이사금'이라 불렀으며,

제17대 내물왕부터 제21대 소지왕까지는 '마립간'

그리고 제22대 지증왕 때에 이르러서야 오늘날처럼 임금을 '왕'으로 부르기 시작해서 변함없이 이어져 내려왔어요.

유리왕뿐만 아니라 실제 신라는 계절마다 산이나 들에서
나는 갖가지 재료를 이용하여 떡을 만들어 먹기를 즐긴
풍요로운 나라였어요.

신라 전성기에는 서라벌 도성 거리에
노래와 음악 소리가 끊이질 않았으며,

백성들은 짚 대신 기와로 집을 짓고,

땔나무 대신 연기가 나지 않는 숯으로 밥을 지어
먹었다는 기록만 보더라도,

당시 신라가 얼마나 풍요로웠던지 짐작
할 수 있지요.

그래서 "집집마다 술과 떡이요! 곳곳마다 흥겨운 잔치다"라는 말로 신라의 풍요를 표현하기도 하지요.

이렇듯 계절마다 그때그때 쉽게 구할 수 있는 재료들을 구해 떡을 만들어 먹었는데,

이렇게 만들어진 떡은 보통 신에게 바치거나 이웃, 친척간에 나누어 먹는 것이 일반적이었습니다.

그 떡의 종류도 이루 헤아릴 수 없이 다양했습니다.

절편 약식 시루떡 송편 두텁떡 호박떡

느티떡 설기떡 망개떡 찰떡

신라 백결선생의 떡방아 소리
우리는 태어나서 죽을 때까지 떡을 얼마나 먹을까요?

옛날에는 아이가 태어나서 100일째가 되면 하얀 백설기와 붉은 수수팥떡을 만들어 무사함과 무탈함을 비는 마음으로 100곳의 집에 떡을 돌리는 풍습이 있었어요. 그 외에도 생일떡, 폐백떡, 이사떡, 고사떡, 제사떡 등 한국인은 출생에서부터 사후에 이르기까지 각종 행사에서 쓰이는 떡의 종류도 많고 그 의미도 다양하답니다. 또한 설, 단오, 칠석, 추석, 중양절, 동지에 이르기까지 세시풍속(歲時風俗) 때 하는 민속놀이와 그때마다 만들어 먹는 떡이야말로 계절의 변화를 느낄 수 있는 전통음식이에요.

이렇게 우리 문화에 깊숙이 차지하고 있는 떡은 그 기원을 정확히 알 수는 없습니다. 그러나 1~2세기경의 떡시루가 출토되고, 고구려 안악3호 고분벽화에 떡시루에서 떡을 찌는 모습이 보이는가 하면 『삼국사기』와 『삼국유사』에 떡에 관한 기록이 많이 나오는 것으로 보아 삼국시대에는 떡이 일상식이었음을 짐작할 수 있습니다.

아시다시피 신라의 거문고 명수로 알려진 백결선생은 경주 낭산(狼山) 기슭에서 살던 가난한 선비로 옷을 100번이나 기워 입었다고 해서 '백결(百結)'이라는 별명이 붙었다지요? 어느 해 겨울, 설을 앞두고 이웃에서는 다들 떡방아 찧는 소리가 요란한데 가난한 백결선생의 집에서는 그럴 수가 없었지요. 이에 부인이 크게 상심하자 백결선생은 가만히 거문고를 뜯어 떡방아 소리를 내며 부인을 위로했고, 그 소리를 들은 이웃 사람들은 덩실덩실 춤을 추었다고 하지요. 이때 백결선생이 들려준 떡방아 소리는 후세에 전해져 대악(碓樂), 즉 '방아타령'이 되었답니다.

신라전통음식 명인 차은정의
절편 체험하기

식재료
멥쌀 1.8kg, 데친 쑥 100g, 참기름 적량, 소금 18g

조리순서

❶ 멥쌀은 흐르는 물에 깨끗이 씻어 6시간 정도 불려서 물기를 빼고 소금을 넣고 빻아서 고운가루를 만들기 위해 체에 친다.

❷ 솥에 물을 붓고 김이 오르면 쌀가루에 물을 뿌려 시루에 충분히 찐다.

❸ 찐 떡의 반은 데친 쑥을 섞어 쑥물이 나올 때까지 절구에 치고, 나머지 반도 찰기 있게 친다.

❹ 나무 도마에 참기름을 바르고 떡살을 얹고 양손으로 길게 밀어가면서 꼬리모양으로 손바닥으로 자르고 떡살로 눌러 모양을 내어 완성한다.

미추왕의 댓잎과 대통밥

신라 56명의 왕은 '박씨', '석씨', '김씨' 성을 가진 사람이 번갈아가며 왕위에 올랐습니다.

미추왕은 신라의 제13번째 임금이자 '김씨' 성을 가진 첫 번째 임금인데, 신라 왕 중에서도 김씨 성을 가진 사람이 가장 많이 왕위에 올랐답니다.

미추왕이 다스리던 시절에도 신라는 무척 혼란스러웠어요. 이웃한 백제가 자주 쳐들어왔기 때문이지요.

그러나 미추왕은 번번이 이를 잘 막아냈을 뿐만 아니라 백성들의 고단한 삶을 보살피는 데도 게을리하지 않았어요.

신라시대에는 농사가 나라 경제의 전부라고 할 정도로 매우 중요했어요.

그래서 미추왕은 농사에 방해가 되는 모든 것을 없애버렸어요.

왕실의 권위를 위해 궁궐을 크게 지어야 하옵니다.

궁궐을 짓게 되면
백성들을 동원해야 하는데
지금은 농사일로 한창
바쁜 철이 아닌가?

왕실의 권위 때문에
백성들에게 피해를 줄
수는 없다.

그리고 백성들 중에서도 특히 늙고 가난한 사람들
에게 우선적으로 양식을 내려주었어요.

우리 임금님은
백성을 위하는
마음이 가득해요.

그러니까
신라가 살기 좋다고
이웃나라에도
소문이 난 거지.

백성들의 곳간에
곡식이 가득하고
웃음이 떠나지 않으니
얼마나 좋아요.

이게 다~
임금님의 인자함
덕분이야.

하지만 미추왕이 늘 인자한 것만은 아니
었어요.

뭐라고?!

임금님의 등극을
축하하는 왜국의 사신이
신라에 들어왔습니다.

!

드디어 석우로의 원한을 풀겠구나!

석우로는 미추왕이 왕위에 오르기 전에 덕망 높은 장수였습니다. 그때 이런 일이 있었어요.

장군, 왜국 사신이 신라에 들어왔습니다.

오늘 내가 이놈들의 기를 꺾어주고 말겠다!

먼길 오시느라 수고했으니 한잔 합시다.

헤헤… 고맙습니다.

그런데 해적왕은 잘 계시는가?

해적왕이라뇨?

당신들의 군대가 우리나라를 쳐들어와 노략질을 일삼으니 그것이 해적이 아니고 무엇이겠소?

뭐라고요!!!

조만간에 너희 왕을 소금 만드는 노예로 만들고 왕비를 밥 짓는 여자로 삼겠다.

으…

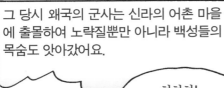

그 당시 왜국의 군사는 신라의 어촌 마을에 출몰하여 노략질뿐만 아니라 백성들의 목숨도 앗아갔어요.

장군, 말이 심하시오!

하하하! 농담입니다. 자, 한잔 합시다!

왕에게 이 사실을 고해서 저놈을 혼내줘야겠군.

우리는 본국으로 돌아가겠소!

왜국의 사신은 왜왕에게 석우로의 말을 전했습니다.

이런 발칙한 놈 같으니!

이건 나에 대한 선전포고이다! 당장 신라로 쳐들어가겠다!

군사를 동원하라!

왜왕은 발끈해서 군사를 이끌고 바다를 건너 신라로 쳐들어오고 말았어요.

전하! 왜군이 왕궁을 향해 몰려오고 있답니다.

당장 군사를 이끌고 왜적을 쳐부숴라!

폐하, 왜왕이 쳐들어온 것은 저의 말실수 때문이니…

제가 왜왕을 만나 잘 설득해 보겠습니다.

하긴 적을 타일러 보내는 것도 좋은 전략입니다.

석우로는 말을 타고 왜군 진영으로 달려가 왜왕에게 말했어요.

전에 한 말은 농담이었는데 어찌 그것을 가지고 속 좁게 군사를 일으켰는가?

이런, 건방진 놈! 감히 나를 또다시 모욕하는구나!

이놈을 당장 죽여라!

속 좁은 왜왕은 석우로를 붙잡아 장작더미 위에 얹어놓고 불태워 죽이는 만행을 저지르고는 다시 바다를 건너 돌아가버렸어요.

이런 사실을 잘 알고 있는 미추왕이었어요.

이놈들, 똑같이 베풀어주리라.

미추왕은 축하 사절로 방문한 왜국 사신에게 잔치를 베풀어 술을 먹인 후…

자, 한잔 합시다.

그 옛날 석우로가 당했던 것과 똑같은 방법으로 왜국 사신을 불태워 죽여버렸습니다.

그만큼 신라와 신라의 신하들을 사랑했던 임금이었지요.

참으로 놀랍고 신기한 일은 미추왕이 죽은 뒤 일어났어요.

미추왕은 20년 조금 넘게 왕위에 있다가 세상을 떠나 대릉(大陵)에 장사지냈어요.

그래서 지금 미추왕릉이 있는 곳을 대릉원(大陵苑)이라 부른다.

미추왕의 뒤를 이어 왕위에 오른 사람이 신라 제14대 유례왕인데,

이 일은 유례왕 14년에 있었던 일입니다.

이서국 군사들이 신라로 쳐들어왔다!

이런 큰일이구나! 저 흉악한 이서국 군사들을 어떻게 물리친단 말인가!

우리 신라의 운도 여기서 끝나는 것이란 말인가!

그때였어요. 신하 한 명이 황급히 유례왕에게로 달려와 전하는 것이었어요.

폐하!

참으로 기적 같은 일이 일어났습니다!

무슨?

지금 듣도 보도 못한 한 무리의 군사들이 나타나 이서국 군사들을 무찌르고 있사옵니다.

보고를 받은 유례왕도 서둘러 성벽 높은 곳으로 달려가 아래를 내려다보았지요.

아니!
저 군사들은
누구인가?

과연 투구에 댓잎을 꽂은 수많은 군사들이 이 서국 군사들을 닥치는 대로 찌르고 베고 있었지요.

겨우 목숨을 건진 이서국 군사들이 혼비백산해서 도망치기 시작하자.

폐하, 이서국의
군사들이 퇴각하고
있습니다!

그제야 투구에 댓잎을 꽂은 군사들도 서서히 물러가기 시작했어요.

여봐라,
저 댓잎 군사들이
누군지 궁금하다.
얼른 뒤를 쫓아가서
정체를 알아오라.

명을 받은 신하가 댓잎 군사들의 뒤를 추격했어요.

아니,
이 군사들이 갑자기
어디로 간 거야?

어!

이럴 수가!

미추왕의 대릉에 다다른 댓잎 군사들이 홀연 모습을 감추더니,

왕릉 앞에 투구에서 떨어져나간 댓잎들만 우수수 낙엽처럼 쌓여 있는 게 아니겠어요!

이게 뭐야? 그 군사들이 댓잎이었다는 거야?

신하는 흥분을 감추지 못하고 궁궐로 돌아가 사실 그대로를 왕에게 전했어요.

기이한 일이 벌어졌습니다!

그러자 유례왕은 하염없이 눈물을 흘리며 입을 열었어요.

아! 미추왕의 태산 같은 은혜로다, 저승에서도 이 신라를 보살피시다니! 장차 이 은혜를 어찌 갚을꼬…

그리하여 유례왕은 이때부터 미추왕릉을 대묘(大廟)라 부르며, 신라의 건국시조인 혁거세왕이 묻힌 오릉(五陵)보다도 더 높이 대접했어요.

미추왕의 무덤에서 나와 이서국의 군사를 물리친 병사들은 하필이면 투구에 댓잎을 꽂았을까요?

그것은 사시사철 변함없이 푸르고 곧은 대나무가 충절과 지조의 상징이기 때문 아닐까요?

예부터 '충신이 죽은 자리에는 그 절개를 상징하는 대나무가 돋는다'라는 말이 있지요.

신라 문무왕과 더불어 호국왕으로 떠받들어지는 미추왕.

그 왕이 죽은 자리에 대나무가 돋고 죽어서도 신라를 아끼는 간절한 마음이 댓잎 군사로 변한 것은 아닐까요?

마치 손오공이 머리카락 한 줌을 뽑아 '후~' 하고 불자 수백 수천의 분신이 만들어진 것처럼 말입니다.

지금도 경주 대릉원 미추왕릉 주변에 가면 그때의 그 댓잎 군사들을 떠올리기라도 하듯이 대나무밭을 볼 수 있습니다.

이 대나무를 자른 대통에 쌀과 다른 곡물을 함께 넣어 맛깔나게 쪄낸 밥을 '대통밥(죽통밥)'이라고 하지요.

청정한 대나무 속 깊은 곳에서 뜨거운 열을 받아 독특한 맛과 향을 지닌 대통밥!

한 번 사용한 대통은 두 번 다시 사용하지 않기 때문에 밥을 먹고 빈 대통을 가져와 붓통이나 필기구통으로도 사용할 수 있는 재미있는 대통밥!

만파식적과 함께하는 대통밥
냉장고가 없던 시절, 음식을 어떻게 보관하였을까요?

여러분은 『삼국사기』 신라본가 신라 지증왕 6년(505년)에 나오는, 여름에도 얼음을 저장했다는 석빙고 이야기를 잘 아시죠? 선조들의 지혜로 만들어진 석빙고의 과학적 원리와 기술은 음식문화에 큰 영향을 끼쳤을 거예요. 김치를 땅에 묻어 저장하던 풍습과 우물 속에 수박을 담가 시원하게 먹었던 추억들이 있을 테지만 지금은 거의 사라지고 그 자리를 냉장고가 대신 하고 있어서 그때 그 시절의 모습들은 이제는 할머니가 들려주는 옛날이야기가 되었죠?

음식을 보관하는 방법은 시대의 변천에 따라 달라지고 염도나 당도를 높여 자연발효를 통해 보관 기간을 길게 하기도 하며, 그릇이나 도구의 종류에 따라서도 음식 보관 시간이 달라집니다.

그런 도구 중에서도 대나무는 아주 좋은 예라고 할 수 있는데요. 예로부터 대나무는 궁중음식에서도 빠지지 않을 만큼 귀하고 좋은 식재료로 쓰였고 용기로도 사용해 왔는데, 속껍질은 죽여(竹茹)라 하여 약차로 마시면 치열과 토혈에 효능이 있고, 죽순은 향이 좋아 밥·단자·죽을 해서 먹었어요. 또한 대나무의 줄기는 속이 비어 있어서 죽통을 만들어 그 안에 찹쌀과 각종 부재료를 넣어 밥을 지으면 습도가 낮고 통풍이 잘되어 쉽게 상하지 않는다는 장점이 있지요. 생각해보면 죽통밥은 대단히 친환경적인 음식이에요.

이런 대나무와 얽혀 있는 이야기로는 유명한 만파식적(萬波息笛) 이야기를 빼놓을 순 없겠죠? '만 개의 파도를 가라앉히는 피리'라는 뜻의 만파식적은 신라의 모든 근심과 걱정을 해결한다는 신기한 피리였으니 대통밥을 먹으면서 듣는 대나무 피리의 향연은 경주 여행에서 꼭 체험해보아야 할 필수 아이템이랍니다.

신라전통음식 명인 차은정의
대죽통밥 체험하기

식재료

찹쌀 ⅓컵, 멥쌀 ¾컵, 현미 10g, 보리 10g,
검은쌀 5g, 밤2개, 은행 3~4개, 대추 2개, 잣 5g,
물 적량, 소금 약간, 대나무잎 1장, 한지

조리순서

❶ 찹쌀, 멥쌀, 현미, 보리, 검은쌀을 잘 씻은 후 30분가량 물
에 불려 다시 씻은 후 채반에 물기를 뺀다.

❷ 대나무통 안에 ❶의 잡곡을 넣고 잠길 정도로 물과 소금을
넣는다.

❸ 껍질을 깐 밤, 통대추, 잣과 대나무 잎을 얹어 한지로 덮어
준다.

❹ 솥에 대나무통을 넣어 통 높이의 ½ 정도
물을 붓고 30~40분 정도 찐다.

❺ 5분 이상 완전히 뜸을 들인 후 꺼내어 완
성한다.

소지왕의 찹쌀약밥

신라 제21대 임금 소지왕은 마음이
어질고 겸손하여 백성들이 진심으로
따르는 왕이었습니다.

아버지 자비왕이 외적을 막기 위해 성을 많이 쌓았다면,

성벽을 두껍게 쌓아 외적이
쳐들어올 틈도 주지 마라!

소지왕은 도로를 많이 닦고 처음으로 나라의 신을 모시는 사당을 세웠으며 시장을 열었어요.

물건을 사고 팔려면 도로가 잘되어 있어야 하겠지.

이젠 우리 신라를 괴롭히던 고구려를 완전히 물리쳤으니 나라가 평안해졌구나.

그동안 전쟁으로 고통받은 병사와 백성을 위해 큰 잔치를 열도록 하거라.

예!

그리고 이제는 백성들이 농사일에 전념할 수 있도록 적극 지원하도록 하고…

예!

이젠 신라의 영광을 되찾고 후손 대대로 평화를 물려주리라.

때는 소지왕 10년(488) 정월대보름날.

임금께서 어디로 행차하시는 거죠?

'천천사'라는 절로 가시는 길이래요.

아, 맞아. 오늘이 그날이구나.

무슨 날?

절에 가서 하늘에 제사를 올리며 나라의 안녕을 비는 행사를 하는 날이 잖아요.

임금님께서 나라를 위하는 마음이 지극하니까 우리 백성들이 잘사는 거야.

이윽고 소지왕과 그 일행들이 천천사 입구에 이르렀을 때였습니다.

까악~ 까악~

웬 까마귀 소리냐?

담장 위에서 까마귀와 쥐가 울고 있습니다.

거참, 희한한 일이로구나.

푸다닥

어디서 나는 소린고?

임금님, 저 까마귀를 따라가보세요.

따라가보시면 반드시 좋은 일이 생길 겁니다.

아니, 쥐가 사람 말을 하다니!

괴상한 일이로구나.

여봐라! 어서 저 까마귀를 따라가보아라!

예!

임금의 명을 받은 신하는 허둥지둥 까마귀를 뒤쫓기 시작했습니다.

야, 이놈아! 천천히 날아가…

어럽쇼? 이건 또 뭐야?

신하가 남산 기슭의 어느 커다란 연못가에 이르렀을 때 돼지 두 마리가 머리를 부딪치며 사납게 싸우고 있었습니다.

오늘은 이상한 일들만 생기는구나.

꽥 꽥

혁! 금방 모든 것들이 사라졌네…

예사롭지 않은 일들 때문에 정신이 없구나.

어서 이 편지를 임금님께 보여드려야겠다.

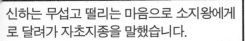

신하는 무섭고 떨리는 마음으로 소지왕에게로 달려가 자초지종을 말했습니다.

허참, 기이한 일이로구나…

흠…

임금님, 어떻게 하시겠습니까?

두 사람이 죽는 것보다는 한 사람이 죽는 것이 낫지 않겠느냐?

그러면…

편지를 열어보지 않고 두 사람을 살리겠노라.

그러자 하늘의 제사를 담당하는 신하가 지혜로운 눈빛으로 말했습니다.

아닙니다, 임금님…

무엇이 아니라는 게냐?

이 편지에서 말하는 두 사람은 일반 백성을 말하는 것이고,

그럼 한 사람은?

바로 임금님을 가리키는 것입니다.

연못에서 나타난 백발 노인은 임금님의 안위를 걱정한 것입니다.

그러니 반드시 열어보셔야 합니다.

허참… 까마귀와 쥐와 돼지들과 백발 노인이 갑자기 왜 나타났을까…?

이건 심상치 않은 나쁜 기운을 느꼈기 때문입니다.

좋다, 그럼 편지 봉투를 열어보자.

…….

엉!

왕궁으로 돌아가는 즉시 거문고갑을 쏘시오

아니, 이건 무슨 뜻이냐!

거문고갑을 왜 쏘라는 거지?

소인도 이해를 못하겠습니다.

아무튼 이상한 일들이 거듭되고 있으니 어서 왕궁으로 돌아가자.

예! 예!

소지왕은 황급히 말머리를 돌려 왕궁으로 달려갔습니다.

임금님께서 쓰시는 거문고갑이 어디에 있습니까?

어제 후궁의 처소에서 연주를 하다가 그곳에 두고 왔소

불길한 생각이 밀려오는구나…

거문고갑이 어디에 있느냐?

옛!

소지왕이 후궁의 처소로 들어가자 후궁은 임금을 보며 소스라치게 놀랐습니다.

나를 보며 놀라는 이유가 무엇이냐?

아… 아니옵니다…

오늘 내 눈앞에서 벌어지는 모든 일들이 정말 괴이하도다!

소지왕은 백발 노인의 편지에 쓰여진 대로 거문고갑을 향해 화살을 날렸습니다.

놀랍게도 거문고갑 안에서 낯익은 중의 일그러진 얼굴이 드러났습니다.

이자가 왜 거문고갑에 들어가 있는 것이냐?

이실직고하렷다!

살려주십시오, 임금님…

그 중은 왕궁에서 부처님을 모시는 중이었습니다.

오래전부터 후궁과 사랑을 나누어오면서 소지왕을 죽일 기회를 엿보고 있었던 거지요.

내가 왕이 되면 당신은 왕비가 될 것이오.

정말요!

이번에도 소지왕이 왕궁을 비운 틈을 타서 후궁의 방에 찾아간 것이고,

임금이 들이닥치자 사색이 되어 거문고갑 속으로 숨었다가 마침내 봉변을 당한 것입니다.

이런! 왕궁 안에 구렁이 두 마리를 키우고 있었어.

이 연놈들을 당장 왕궁 밖으로 내보내라!

옛!

살려주십시오.

모든 사실을 알게 된 소지왕은 즉시 후궁의 목숨을 빼앗고 말았습니다.

괘씸한지고…

나를 살리려는 하늘의 뜻이 다섯 가지 동물을 통해 전해진 것이니…

내가 더욱 몸가짐을 조심해야겠구나.

이때부터 신라에서는 해마다 정월의 상자일(上子日, 음력 1월의 첫 쥐의 날)·상오일(上午日, 음력 1월의 첫 말의 날)·상해일(上亥日, 음력 1월의 첫 돼지의 날)·상진일(上辰日, 음력 1월의 첫 용의 날)에는 몸가짐을 더욱 조심하는 풍습이 생겼습니다.

하필 이 네 가지 동물의 날에 그렇게 한 까닭은 앞서 이야기 속에 쥐와 말과 돼지가 등장하는 데다가, 연못 속에서 나타나 편지를 전해준 노인을 물속의 용으로 보았기 때문입니다.

그리고 특히 정월대보름날은 오기일(烏忌日)이라 하여 정성 들여 지은 찰밥과 나물 반찬으로 까마귀에게 제사를 지낸 후 들판에다 펴놓는 풍습이 생겼습니다.

그렇습니다. 소지왕의 목숨을 구해준 까마귀의 은혜에 보답하기 위해서랍니다.

지금도 경주시 남산동에는 백발 노인이 나타나 편지를 바친 서출지(書出池)라는 연못이 남아 있고

또 연못 한켠에는 이요당(二樂堂)이라는 아름다운 정자가 있어서 이곳을 찾는 사람들에게 소지왕과 까마귀에 얽힌 옛이야기를 떠올리게 만든답니다.

까마귀의 은혜에 대한 보답, 약밥
중국에서도 인기가 있었던 우리나라 전통음식

『동국세시기(東國歲時記)』에 의하면 "약밥은 보름날[上元]의 좋은 음식이며 신라의 옛 풍속"이라고 쓰여 있습니다. 우리나라 음식에는 '약(藥)' 자가 들어가는 말들이 많은데요, 예를 들면 약고추장, 약과, 약수, 약차, 약주 등이 그렇습니다.

여러분! 소지왕의 까마귀 이야기를 잘 읽어보셨죠? 이 까마귀의 검은색을 닮게 하려고 간장을 넣어 검은색으로 밥을 지어 정월 대보름날 제사도 지내주고 까마귀의 먹이로 준 음식이 바로 보은(報恩)의 음식, 이름하여 '약밥' 또는 '약식'이라고 합니다. 지금도 매년 1월이면 경주에 까마귀 떼가 엄청나게 몰려드는 모습을 볼 수 있답니다.

이 약밥은 가을에 수확한 찹쌀에 기름과 꿀을 섞고 밤, 대추, 잣을 넣어 간장, 참기름, 생강, 계피, 흑설탕으로 버무려 찜솥에 쪄서 윤기가 나도록 색을 내면 먹음직스럽게 완성이 됩니다.

허균의 『도문대작(屠門大嚼)』에 의하면 "약반(藥飯)은 특히 중국인들이 좋아하며, 그들은 이것을 '고려반(高麗飯)'이라고 부른다"라는 기록이 있습니다. 그리고 『열양세시기(洌陽歲時記)』에서는 "정월 보름날에 중국에 간 우리나라 사신들이 약밥을 만들어 나누어주면 연경의 귀인들은 그 맛을 보고 매우 좋아했다"라는 내용이 있어서 약밥은 중국에서도 아주 인기가 있었던 우리나라 전통음식이었음을 알 수 있습니다.

떡으로 분류되는 약밥은 아침 식사를 거르는 바쁜 현대인들에게는 식사 대용으로도 전혀 손색이 없으며, 가지고 다니면서 먹을 수 있다는 장점이 있어서 세계 속의 '코리아푸드'로 자리매김하길 바라봅니다.

신라전통음식 명인 차은정의
약밥 체험하기

식재료
찹쌀 3컵, 대추 5개, 밤 5~6개, 은행 15개, 물 2컵,
간장 5큰술, 황설탕 5큰술, 생강즙 1큰술,
참기름 3큰술, 계피가루 1큰술

조리순서
❶ 찹쌀은 깨끗이 씻어 30분간 불려 물기를 제거하고
채반에 받쳐둔다.

❷ 밤은 껍질을 까서 ¼등분 하고 대추는 돌려 깎아 씨
를 제거한 후 ¼등분 하고, 은행은 팬에 열이 오르면 볶
아 마른 면 보자기에서 껍질을 깐다.

❸ 솥에 간장과 황설탕, 계피가루, 찹쌀, 밤, 대추, 은행
을 넣어 모두 섞어주고 물을 붓는다.

❹ 전기밥솥에 '밥짓기'를 눌러 약밥이 다 되면 참기름
을 넣고 섞어서 꺼낸 다음 네모지게 또는 다양한 모양
을 내어 완성한다.

선덕여왕의 쌀팥죽

신라 최초의 여왕, 선덕여왕은 진평왕의 맏딸로 태어났습니다. 이름은 '덕만'이었지요.

선덕여왕의 지혜로움은 어린 공주 시절부터 나타났어요.

어머, 이 그림은 뭐예요?

공주님, 당나라 황제 태종께서 보내온 모란 그림입니다.

이 모란의 꽃씨도 함께 보내왔습니다.

흠…

이 꽃은 참 아름다우나, 향기가 나지 않아요.

예? 그럴리가요?

못 믿겠으면 그 꽃씨를 심어보세요. 내 말이 맞을 테니까.

향기가 없는 꽃은 없사옵니다. 공주님…

신하는 꽃씨를 심어 마침내 꽃을 피웠습니다.

어, 정말 향기가 없네!

어떻게 된 일이지?

공주님, 어떻게 그 사실을 아셨어요?

꽃씨와 함께 보내온 모란 그림에 벌과 나비가 없길래 그럴 줄 알았어요.

와, 우리 공주님은 마음도 고우시지만 지혜까지 뛰어나구나.

하나를 보면 둘을 알아야죠. 안 그래요? 헤헤헤…

이렇듯 지혜롭고 마음이 맑았던 선덕여왕은 임금이 되어서도 백성 한 사람, 한 사람을 따뜻하게 대하는 분이었어요.

유명한 첨성대, 분황사, 황룡사구층목탑 등의 건축물이 지어진 것도 선덕여왕 때의 일이지요.

어구, 힘들다.

땔감장수 지귀가 지나간다.

오늘도 서라벌 거리로 땔감을 팔러가는 모양이군.

예, 안녕하세요.

그 당시 서라벌 외딴 마을에 지귀(志鬼)라는 한 사내가 살았답니다.

저렇게 잘생긴 총각이 왜 아직도 장가를 못 갔을까?

언젠가는 인연이 생기겠지. 허허…

오늘은 여기서 장사를 해보자.

물렀거라!

응, 무슨 일이지?

여왕마마 행차이시다!

여왕마마!

나도 구경가야지.

지귀의 눈에는 구름 같은 백마 위에 눈부신 금관을 번쩍거리며 올라탄 선덕여왕이 그렇게 아름다울 수가 없었지요.

이때부터 지귀는 밥도 먹지 못하고 잠도 자지 못한 채

미친 듯이 서라벌 거리를 돌아다니며 여왕을 다시 만날 날만을 기다렸어요.

아, 여왕님을 어디서 다시 뵐 수 있을까…

그러던 어느 날이었어요. 이날은 선덕여왕이 '영묘사'란 절에 불공을 드리러 가기 위해

물렀거라, 여왕마마 행차이시다!

호위 무사에 둘러싸여 성문 밖으로 나섰습니다.

그때였습니다. 갑자기 한바탕 소동이 일어났어요.

제발 부탁합니다.

네 이놈! 저리 가지 못할까!

?

무슨 일이냐?

웬 사내가 여왕님을 뵙겠다고 달려들어서 말리고 있는 중입니다.

웬 사내?

어허, 나를 만나겠다고?

그 사내를 내 앞에 대령하여라.

촌놈이니까 그냥 무시하십시오.

아니다, 모두가 나의 백성이 아니더냐. 무슨 연유인지 알아봐야겠다.

그리하여 선덕여왕 앞에 선 지귀는 부끄러움에 말을 못했습니다.

무슨 연유인지 어서 말해보아라.

어서!

그… 그러니까…

마침내 자초지종을 안 선덕여왕은 너그러운 미소를 지으며 지귀로 하여금 자신의 행차 뒤를 따라오도록 했습니다.

내가 한 미모는 하지…

영묘사에 도착한 선덕여왕은 법당 안으로 들어가 불공을 올리기 시작했고

지귀는 여왕님을 만난 기쁨에 세상의 모든 것을 얻은 것처럼 행복했습니다.

여왕님을 이렇게 직접 만날 줄이야.

지귀는 절집 마당 한가운데 높다랗게 솟은 돌탑 옆에 기대어 선덕여왕이 나오기만을 기다리다가 깜박 잠이 들었습니다.

그러는 사이에도 선덕여왕의 불공은 오래오래 계속되었지요.

사실 이때 신라는 매우 불안한 나라였습니다.

그도 그럴 것이 백제의 의자왕이 신라를 공격하여 서라벌에서 멀리 떨어진 신라의 많은 고을이 빼앗겼기 때문입니다.

그래서 선덕여왕은 부처님께 나라의 평안을 빌고 또 빌었던 것이지요.

끝없이 이어질 것만 같았던 선덕여왕의 불공도 마침내 끝이 났습니다.

휴…
벌써 날이 저물려고
하는구나.

이자는 아까 나를 만나려 했던 그 사내가 아니더냐?

피곤했는지 깊이 잠이 들었습니다.

지귀를 물끄러미 내려다보던 선덕여왕은 자신의 팔목에 감았던 금팔찌를 뽑아서 지귀의 품에 살며시 내려놓고는 다시 왕궁으로 돌아왔습니다.

한밤중에 잠에서 깨어난 지귀.

이런, 내가 너무 많이 잤네.

툭!

오, 이건 여왕님의 금팔찌잖아!

지귀는 너무나 기뻐서 비 오듯 눈물을 흘렸습니다.

여왕님, 감사합니다.

그러나 그 기쁨도 잠시였어요.

……

이런, 바보 같으니라고.

여왕님이 바로 내 곁에 있었는데도 미련하게 잠만 자고 있었어.

이런, 바보 멍충이 같으니라고!

도저히 나를 용서할 수 없어!

으... 으...

그 부끄러움은 서서히 지귀의 가슴속에서 한 덩어리 불꽃이 되더니, 마침내 몸 밖으로 뿜어 져나와 온몸을 불덩어리로 만들었습니다.

으아아아아!

헉헉~ 뜨거워! 너무 뜨거워!

확

불길은 마침내 탑으로 옮겨 붙었고, 드디어는 영묘사 전체가 불바다가 되었습니다.

으아아아아!

불이다!

불을 꺼야 해!

다음날 해가 떴을 때는 모든 것이 잿더미가 되었습니다.

지귀도 영묘사도…

그러나 그 폐허 속에서도 불타지 않고 여전히 반짝거리는 물체가 하나 있었습니다.

다름 아닌 선덕여왕의 금팔찌였지요. 지귀가 흘렸던 굵은 눈물 방울처럼

그날의 금팔찌는 유난히 곱고 눈이 부셨습니다.

스님, 간밤에 우리 절이 불타고 있을 때 밤하늘로 날아가는 불덩어리를 보았습니다.

마치 악마의 불꽃처럼 보였어요.

어허, 큰일이구나. 지귀의 원한이 불귀신이 된 거야.

그럼, 앞으로 어떻게 되는 겁니까?

그 누구도 지귀의 원한을 달래지 못할 거야.

오직 한 사람, 여왕 폐하 님만이 그 불귀신을 달랠 수 있겠지.

이상한 일은 그다음에도 일어났습니다.

불이야!

죽어서도 한을 풀지 못한 지귀가 불귀신이 되어 그가 닿는 곳마다 화재가 일어난 것입니다.

여왕님, 마을 곳곳이 화재로 인해 피해가 심합니다.

이게 무슨 괴변이란 말인가! 무슨 대책이 없느냐?

지귀의 원한이 불덩어리가 되어 돌아다니는 것입니다.

영묘사 주지 스님은 어찌 그것을 아시는지요?

주지 스님의 말을 통해 이 모든 사실을 알게 된 선덕여왕은 지귀의 넋을 달래는 노래를 지어 바칩니다.

지귀야, 이젠 편히 쉬도록 하여라.

지귀야, 네 마음속 불이 붙어
네 몸을 불태워
불귀신이 되었구나
푸른 바다 넘어서
멀리 가거라
아무도 보이지 않는 곳에서
오래오래 살아 있거라

그러고는 서라벌 백성들로 하여금 집집마다 팥죽을 쑤어 문설주에 바르도록 했더니 그다음부터는 거짓 말같이 화재가 일어나지 않았다고 하지요.

지혜로운 선덕여왕은 왜 팥죽을 쑤어 귀신을 물리치도록 했을까요?

붉은색의 팥은 이글이글 타오르는 태양빛과 닮았고,

그 태양빛이야말로 어둠의 상징인 귀신을 억누를 수 있지 않겠느냐.

아울러 붉은색은 태양처럼 무한한 힘(에너지)을 나타내기도 하지요.

그래서 지금도 1년 중 밤이 제일 길다는 동짓날에는 팥죽을 쑤어 먹음으로써 어둠의 기운을 물리치는 동시에 곧 다가올 새해 새봄을 위해 밝은 기운을 몸속에 쌓아둔답니다.

밤이 가장 긴 날에 먹는 음식
팥죽 한 그릇에 담긴 의미

우리나라는 예부터 1년 중 중 밤이 가장 길고 낮의 길이가 짧은 날을 동지(冬至)라 하여 팥죽을 쑤어 먹는 풍속이 전해 내려오고 있습니다. '동지'라는 말은 '겨울에 이르렀다'라는 뜻으로, 옛사람들은 이날을 '작은 설날'로 삼기도 했어요. 지금도 설날에는 떡국을 먹지요? 그러나 작은 설날인 동지에는 팥죽을 먹어야만 한 살을 더 먹는다고 우리 조상님들은 믿었어요.

팥죽에는 팥과 쌀 그리고 새알옹심이와 물이 들어갑니다. 팥은 붉은색으로 태양과 불을 의미해서, 음의 기운이 가장 센 동짓날 잡귀를 물리친다고 생각했지요. 그리고 곡식 중의 으뜸인 쌀을 넣음으로써 에너지의 원천으로 삼았고, 동글동글 빚은 새알은 흰색으로 하늘의 별을 뜻하며, 물은 생명의 원천으로 생명을 연장한다고 믿었습니다. 그러니 팥죽 한 그릇에 담긴 의미와 팥죽을 먹는 의식은 얼마나 소중한지요.

우리나라 최초의 음식처방서인 『식료찬요(食療纂要)』에서는 "팥은 이뇨작용을 하고, 신장의 부기를 내리며, 특히 임금님의 소갈(당뇨) 증상에 주로 처방했다"라고 기록할 만큼 다양한 효능을 지녔답니다. 영양과 의학적 효능을 두루 갖춘 음식, 팥죽! 마땅히 전통을 이어가야 할 우리의 약선음식입니다.

신라전통음식 명인 차은정의
팥죽 체험하기

식재료

팥 400g, 찹쌀가루 800g, 물 1.5ℓ, 소금 ½ 작은술,
설탕 약간

조리순서

❶ 팥은 흐르는 물에 씻어 이물질을 제거하고 솥에 물을 부어
물러질 때까지 삶아 식혀서 곱게 갈아 중간 체에 한 번 걸러준
다. 이때 삶은 물은 버리지 않는다.

❷ 찹쌀가루는 끓인 소금물로 익반죽하여 동그랗게 새알을
빚는다.

❸ 솥에 ❶의 팥, 팥 삶은 물과 새 물을 더 넣고 끓여준다.

❹ 팥물이 끓으면 새알을 넣어 익혀주는데, 새알이 떠오를 때까지 저어서 완성한다.

❺ 설탕을 곁들여 낸다.

태종무열왕의 만두

신라 제29대 임금 태종무열왕은 조선시대 세종대왕에 견줄 만큼 위대한 왕이었어요.

신라 천년의 역사 중에서도 가장 전성기를 열었기 때문에 당시 백성들은 '성군의 시대'라고 칭송이 자자했지요.

우리가 흔히 '김춘추'라고 부르는 분이 바로 이 태종무열왕의 본명이랍니다.

나는 훗날 삼국통일의 기틀을 다진 영웅이 되었다.

태종무열왕의 집안에는 유명한 사람이 무척 많답니다. 우선 정치적 동지이자 삼국통일을 이룩한

금수저 집안이구먼…

김유신 장군과는 사돈 관계이며

우리가 남인가?

김유신의 여동생이 태종무열왕의 부인이 되었으며, 태종무열왕의 따님이 김유신에게 시집 가기도 했지요.

김춘추와 문희의 결혼 이야기는 곧 소개됩니다.

뿐만 아니라 원효대사는 태종무열왕의 따님인 요석공주와 혼인함으로써 사위가 되고,

당신 노래 솜씨에 반해서 결혼하게 되었죠.

원효대사와 요석공주 사이에서 태어난 설총은 당연히 태종무열왕의 손자가 되지요.

설총은 신라의 대학자이며 이두문자를 집대성했다.

특히 재미난 것은 태종무열왕이 김유신 장군의 여동생과 혼인하게 되는 과정인데 사연은 이렇습니다.

김유신 장군에게는 '문희'와 '보희'라는 두 여동생이 있었어요. 어느 날 언니인 보희가

에그, 망측해라!

자신의 꿈 이야기를 했습니다.

언니, 무슨 일인데?

창피해서 말을 못하겠어.

뭔데? 비밀로 할게.

글쎄 말이야. 내가…

어서 말해봐. 너무 궁금하잖아.

글쎄, 내가 간밤에 꿈을 꾸었는데 서악산에 올라가 오줌을 눈 거야.

그게 뭐 어때? 그냥 생리현상인데…

그런데 말이야…

그 오줌이 서라벌에 가득 차는 꿈이었어.

……

언니, 내가 그 꿈을 사면 안 될까?

뭐?

그럼 너는 내 꿈값으로 무엇을 주겠니?

이 비단 치마를 줄게.

어머, 그건 중국에서 온 귀한 비단인데.

그리하여 문희는 치마폭을 벌려 언니의 그 꿈을 듬뿍 받았지요.

간밤의 꿈을 내 동생 문희에게 준다.

고마워, 언니.

그런데 그로부터 얼마 지나지 않은 오기일(음력 1월 15일 정월대보름)에 김춘추는 평소 친하게 지내던 김유신의 집에서 축국(공놀이)을 했는데,

김유신은 일부러 김춘추의 옷자락을 밟아 옷끈이 끊어져버렸어요.

찌익!

이런, 내가 실수를 했네!

보희야, 김춘추의 옷끈을 매달아주겠나?

아이, 어떡해… 창피해서 못하겠어.

……

오빠, 제가 해드릴게요.

문희가 바느질하는 모습을 본 김춘추는 그만 문희에게 반하고 말았어요.

오, 아름답도다! 내 이상형이야.

두 사람은 이후로도 잦은 교제를 하다가 그만 문희가 아이를 갖게 되었지요.

뭐라고!

사실을 안 김유신은 노발대발했습니다.

처녀가 아이를 가지다니 집안의 수치다!

오라버니 …

내 반드시 너를 태워 죽이고 말 것이다!

김유신이 마당에 장작을 가득 쌓아놓고 불을 지르자 온 사방에 연기가 가득 피어 올랐지요.

이때 마침 김춘추는 선덕여왕을 모시고 남산으로 행차하던 중이었는데,

아니, 저 연기는 무엇인가?

글쎄요. 저기는 김유신의 집 같은데…

전하! 저 연기는 김유신의 집에서 피어오르는 것이 맞습니다.

김유신이 누이동생 문희가 임신한 것에 분노해 동생을 태워 죽이려고 그러는 것이랍니다.

뭐라고!

아니, 그게 누구의 짓이란 말인가?

……

음…

그대의 짓이라면 얼른 달려가 문희를 구하시오.

예, 여왕 폐하. 황공하옵니다.

김춘추는 황급히 김유신의 집으로 달려갔습니다.

멈추시오!

내가 문희를 책임질 테니 제발 살려주시게.

그럼 혼인 날짜를 잡겠나?

암, 당장이라도 혼인을 할 걸세.

마침내 두 사람은 혼인을 했습니다.

언니의 꿈을 산 덕분이구나.

정말 잘 어울리는 한 쌍이야.

그런데 사실 이 모두는 여동생 문희를 김춘추에게 시집 보내려 했던 김유신의 계략이었음이 밝혀졌지요.

내가 사람을 볼 줄 알거든.

김춘추는 분명히 큰 인물이 될 거야.

김춘추는 왕위에 오르기 전부터 당나라와 고구려, 그리고 왜(일본)를 오가면서 외교관으로 이름을 떨쳤어요.

바쁘구만~

이때 그를 본 사람들은 하나같이 김춘추의 수려한 용모와 화려한 말솜씨에 감탄을 했지요.

오, 신라는 훌륭한 인재를 가졌구나!

이 무렵 김춘추에게는 잊지 못할 사건이 하나 발생했어요.

뭐라고! 내 딸이 죽었다고?

김춘추는 대야성 성주인 김품석에게 따님 중 한 명을 시집보냈는데, 그만 백제 군사가 대야성을 침공해 성주와 그의 부인을 죽여버린 것이지요.

소식을 들은 김춘추는 하늘을 우러러 이렇게 맹세했습니다.

아, 슬프도다!

내 살아생전 반드시 백제를 멸망시키고 말리라!

세월이 흘러 마침내 김춘추는 선덕 여왕과 진덕여왕의 뒤를 이어 왕위에 올라 태종무열왕이 되었어요.

그러자 임금은 백제에 대한 사무친 원한을 잊지 않고 김유신 장군을 앞세우고 당나라 군사를 빌려 백제를 공격해서 멸망시키고 말았어요(660년).

마침내 통일시대의 관문을 열어제친 것이지요.

태종무열왕의 시대에 신라는 그 어느 때보다 강성하고 백성들의 삶은 풍요로웠어요.

『삼국유사』에 따르면 태종무열왕은 하루에 쌀 6말, 술 6말, 꿩 10마리를 먹어치운 대식가였다고 기록되어 있어요. 놀랍지요?

어떻게 한 사람이 이 많은 양의 음식을 먹지?

그러나 여기에도 자세히 살펴보면 임금의 애민정신이 숨어 있음을 알 수 있어요.

사실 난 소식가야.

예로부터 우리나라에는 '물림상'이라는 오랜 전통이 있었어요.

조선시대에도 임금을 위해 차린 음식의 양이 어마어마했어요.

왕들은 전부 대식가인가?

사실 이 음식은 임금 혼자서만 다 먹는 게 아니라 신하들에게 나누어주는 것이었어요.

그래서 임금은 자신이 먹고 싶은 것만 최대한 깨끗하게 먹고,

오늘은 속이 안 좋아 그만 먹어야겠구나.

남은 음식은 신하들에게 물려주어 먹도록 했는
데 이것을 '물림상'이라고 했지요.

전하,
잘 먹겠습니다.

태종무열왕도 마찬가지예요.

내가 깨끗하게
먹어야 신하들이
음식을 맛있게
먹겠지.

그러므로 임금 혼자서가 아니라 임금을 포함한 궁중
의 신하들이 먹어치운 음식이 하루에 쌀 6말, 술 6말,
꿩 10마리였다고 보면 되겠지요.

그만큼 태종무열왕의 시대는 풍요로웠
던 시대라고 할 수 있어요.

슬픈 것은 백제를 멸망시킨 지 불과 1년이 지나 태
종무열왕이 세상을 떠난 것이에요(661년).

이때가 임금의 자리에
오른 지 8년 만이요,
나이는 59세 때였다.

임금의 무덤은 그 옛날 김유신의 여동생 보희
가 꿈을 꾸었다는 서악산(선도산) 아래에 지
금도 모셔져 있고

보희의 꿈을 사서 왕비가 된 문희와의 사이에서 태어난 김법민이 태종무열왕의 뒤를 이어 문무왕이 되었는데,

이분이 마침내 고구려까지 멸망시켜 삼국통일의 대업을 이루었지요.

이렇게 보면 문희가 보희에게서 산 꿈은 아마도 세상에서 가장 비싼 꿈이 아니었을까요?

태종무열왕의 밥상을 보면 하고많은 단백질 공급원 중에 꿩이 올라 있는 것이 눈에 띕니다. 어째서일까요?

그 당시 우리나라 산천에서 흔하디흔한 것이 꿩이어서 이 꿩을 잡아 식재료로 많이 사용했기 때문이에요.

그 중에서도 오늘날까지 전해지는 꿩을 재료로 한 대표적인 음식이 만두와 냉면이지요.

꿩의 살코기를 만두소로 사용하기도 하고, 꿩의 육수를 냉면 국물로 쓰기도 하지요.

오늘날 우리가 즐겨 먹는 만두의 기원은 태종무열왕보다도 훨씬 오래전이에요. 중국 삼국시대에 지혜롭기로 유명한 제갈공명이 오랑캐를 정벌하고 돌아오다가 전쟁에서 죽은 병사들의 영혼을 위로하기 위해 만든 음식이랍니다.

이때 사람 머리 모양의 밀가루 반죽에 소를 넣어 강물에 던져 제사를 지냈는데, 이것이 오늘날 즐겨 먹는 만두의 유래가 되었답니다.

그렇다면 태종무열왕 때에도 꿩의 살코기를 소로 넣은 만두를 만들어 먹지는 않았을까요?

이것이 무슨 요리인고?

겨울에 더 맛있는 꿩만두
고단백 저지방의 꿩고기

1643년에 편찬된 『영접도감의궤(迎接都監儀軌)』에서는 '만두'라는 말이 처음으로 등장하는데 중국에서 온 사신에게 특별한 음식을 대접하기 위해 만들어졌다고 기록하고 있어요.

만두는 고려시대 중국을 통해 들어와 찐빵처럼 술을 넣고 발효시켜 먹은 게 초창기 방식입니다. 이후 익히는 조리방법에 따라 물만두, 찐만두, 군만두로 나누어지고, 빚는 모양에 따라서는 해삼 모양의 규아상, 여름철에 먹는 사각형의 편수, 석류처럼 빚은 석류 만두, 반달 모양으로 빚은 병시(餠匙) 등 모양과 이름도 다양하게 불린답니다.

만두피는 1800년대 이전까지는 메밀가루로 만들었고, 그 이후부터는 밀가루를 사용했어요. 그러나 감자전분으로도 피를 만들면 투명하고 촉촉하게 속이 들여다보이는 더 먹음직스러운 만두가 되고, 속 재료도 고기, 꿩, 생선, 김치, 채소, 두부, 당면 등 무엇이든지 넣을 수 있으니 만두피는 따뜻한 이불 같은 존재라고나 할까요?

꿩고기는 다른 육고기에 비해 비타민C가 많아서 주로 겨울철에 감기 예방과 면역력 강화를 위해 무를 넣어 푹 삶은 생치탕(꿩탕)을 만들어 많이 먹었다고 합니다. 꿩고기는 기력에 도움을 주고, 설사를 멎게 하며, 간과 눈을 보호할 뿐만 아니라 출산 후 허리 아픈 데에도 꿩고기로 물만두를 만들어 먹으면 효력이 있다는 기록이 있습니다. 또한 당뇨 증세가 있을 때 양질의 단백질 섭취를 권장하고 있는데, 이때 꿩고기는 고단백과 저지방의 특징을 가지고 있어서 가장 적당한 음식으로 추천되기도 한답니다.

신라전통음식 명인 차은정의
꿩만두 체험하기

식재료

꿩살 200g, 밀가루 220g(2컵), 반죽물 100㎖(1/2컵), 무채 100g, 숙주 100g,
양파 100g(2/3개), 달걀 50g(1개), 다진 파 2큰술, 다진 마늘 2큰술, 소금 적량,
후춧가루 약간, 초간장 간장 1큰술, 식초 ½큰술, 물 ½큰술

조리순서

❶ 밀가루에 소금과 물을 넣어 잘 치댄 후 밀방망이로 얇게 밀
어 동그란 모양의 만두피를 만든다.

❷ 꿩은 가슴살, 다리살을 준비하여 곱게 다져둔다.

❸ 무를 곱게 채 썰고 숙주와 양파는 삶아 다진 후 물기를 꼭
짠 다음 ❷의 다진 꿩고기와 섞어 다진 파, 다진 마늘, 소금,
후춧가루로 간하여 만두소를 만든다.

❹ ❶의 만두피에 ❸의 만두소를 넣어 가장자리에 달걀 물을 발
라주고 반으로 접듯이 손으로 꼭꼭 눌러 모양을 빚는다.

❺ 찜솥에 물을 담고 불을 올려 김이 오르면 젖은 면보를 깔고
20분간 쪄내어 접시에 담는다.

❻ 초간장을 곁들여 낸다.

신문왕의 발효식품

신라 제31대 임금 신문왕이 왕위에 오른 것은 아버지 문무대왕이 삼국통일을 이룩한 지 5년이 지난 후인 681년입니다.

그러나 임금의 자리에 오른 지 불과 한 달도 지나지 않아 장인인 김흠돌이 반란을 일으키고 말았습니다.

폐하! 반란군이 쳐들어옵니다.

장인마저 나를 만만하게 보는구나.

임금은 장인 김흠돌을 처형하고, 그의 딸인 왕비도 자리에서 내쫓아버렸습니다.

아버님께옵서 물려주신 통일된 이 나라를 온전히 보전하자면 임금인 나의 힘이 커져야겠구나.

그동안 전쟁으로 피폐해진 국토와 궁핍해진 백성들을 보살피는 데도 최선의 노력을 기울여야겠다.

임금은 돌아가신 아버지 문무왕을 위하여 동해 바닷가에 감은사(感恩寺)라는 절을 세우고

아버님은 죽어서도 용이 되어 왜적을 물리치기 위해 동해 바다에 묻히지 않았던가!

절 금당(金堂) 섬돌 아래를 파헤쳐 동해 바닷가를 향해 길다란 구멍을 내었어요.

용이 된 아바마마께서 언제라도 물길을 따라 감은사로 돌아와 쉴 수 있도록 하기 위함이다.

그런데 그 무렵의 어느 날이었어요.

폐하, 동해바다에 이상한 일이 생겼습니다.

무슨?

동해바다 한가운데에 작은 산 하나가 물에 떠서 감은사를 향해 오는데,

물결을 따라서 왔다갔다 합니다.

이게 무슨 까닭인가?

아주 좋은 현상인 것 같습니다.

돌아가신 문무왕께서는 지금 바다의 용이 되어 이 나라를 수호하고 계시고,

또 돌아가신 김유신 장군도 천신(天神)이 되어 이 나라를 굽어살피고 있사옵니다.

두 성인께서 뜻을 같이하여 지금 나라의 큰 보배를 내릴 징조이니,

폐하께서 지금 바닷가로 나가시면 값으로 계산할 수 없는 엄청난 보배를 얻게 될 것이옵니다.

오 다행이구려.

임금은 동해 바닷가로 나아가 전망 좋은 곳에 올라 물 위에 떠 있는 그 산을 바라보았습니다.

산의 모양이 거북의 머리처럼 생겼구나.

산 위에 대나무가 솟아난 것 같은데?

아, 정말 그렇습니다.

그런데 어떨 때는 합쳐서 하나로 보이기도 하고, 어떨 때는 갈라져서 둘로 보입니다.

그러던 어느 한 순간이었어요.

하늘이 갑자기 어두워지고 있습니다!

대나무가 하나로 합쳐졌다!

그때 천지가 진동하고 비바람이 몰아치기 시작했습니다.

쿠쿵

비바람이 몰아친다.

임금님을 감은사로 모셔라!

사방이 어둡고 비바람이 몰아치는 날은 7일 동안이나 계속되다가 겨우 그치고 바다의 물결도 평온해졌어요.

이제야 비가 그치는구나.

그제야 임금은 용기를 내어 배를 타고 바다 가운데 있는 그 산을 향해 나아갔습니다.

그러자 신령스러운 용이 나타나 임금에게 흑옥대(黑玉帶)를 가져다 바쳤습니다.

이 산과 대나무가 갈라지기도 하고 합해지기도 하는 것은 무엇 때문인가?

이것은 비유하자면 한 손으로 치면 소리가 나지 않고 두 손으로 치면 소리가 나는 것과 같으니,

이 대나무라는 물건은 합한 후에야 소리가 납니다.

폐하께서 소리로써 천하를 다스릴 좋은 징조입니다.

이 대나무를 가지고 피리를 만들어 불면 천하가 화평할 것입니다.

돌아가신 문무왕께서는 바다 속의 큰 용이 되셨고, 김유신 장군은 천신이 되셨는데,

두 성인께서 같은 마음으로 이처럼 값으로 따질 수 없는 보배를 내어 저를 시켜 임금님께 바치는 것이옵니다.

감격한 신문왕은 오색 비단과 금과 옥으로 용에게 보답하고,

신하로 하여금 대나무를 베어서 바다에서 나와 뒤돌아보았더니,

놀랍게도 바다 가운데 있던 산과 용이 흔적조차 보이지 않았습니다.

임금은 궁궐로 돌아가는 길에 기림사 서쪽 냇가에 이르러 점심을 먹고 있을 때 궁궐을 지키고 있던 태자가 황급히 마중을 나왔습니다.

아바마마!

태자가 용이 준 흑옥대를 보고는 말했습니다.

이 옥대의 마디마디에 새겨진 용들은 모두 진짜 용들이옵니다.

네가 어떻게 그것을 아느냐?

마디 하나를 떼어서 물에 넣어보시면 아실 것이옵니다.

호오, 그래? 그럼 마디 하나를 떼어보자.

임금이 흑옥대의 마디 하나를 떼어 시냇물에 담갔더니 참으로 놀라운 일이 벌어졌습니다.

어, 마디에 새겨진 용이 살아났다!

용은 하늘로 올라가고 시냇물 주변은 금세 못으로 변하고 마는 것입니다.

오, 문무대왕과 김유신 장군이 보내주신 보배로구나.

궁궐로 돌아온 임금은 가져온 대나무로 피리를 만들어 월성(月城)의 천존고(天尊庫)에 간직하였습니다.

그런데 이 피리를 불면 적병이 물러가고 병이 나으며,

가뭄에는 비가 오고 장마는 개며,

바람이 잦아지고 물결이 평온해졌습니다.

그리하여 신라 사람들은 이 피리를 '만파식적(萬波息笛)'이라 부르며 천하에 다시없는 보물로 여기기 시작했지요.

원래 영특한 데다가 나라의 보물까지 얻었으니, 이때부터 신문왕이 다스리는 신라는 태평성대가 열렸어요.

그러자 신하들이 앞다투어 임금에게 간청했습니다.

폐하, 나라는 날로 강성해지는데 왕비마마가 없으니 큰일입니다.

어서 새 장가를 드셔야 하옵니다.

통촉하여 주시옵소서.

임금은 크게 고개를 끄덕이며 마침내 새 왕비를 맞아들였으니,

알았소 그렇게 합시다.

황공하옵니다, 폐하!

이분이 바로 신목왕후 김씨입니다.

이때 신랑인 임금이 신부인 왕비의 집안으로 보낸 예물 목록을 보면 당시 신라가 얼마나 풍요로웠던지를 잘 알 수 있습니다.

마침내 새 왕비가 될 신부가 왕궁 북문에 이르러 수레에서 내려 궁궐로 들어오려 하자 길가에는 수많은 신라 백성들이 나와 환호성을 울리며 반겨주었어요.

이때 치른 혼례도 신라에서는 처음으로 중국왕실 혼례의 격식에 따라 치른 거창한 혼례였답니다.

새 왕비가 된 신목왕후가 신문왕과의 사이에 낳은 아들이 신라 제32대 효소왕입니다.

그러나 효소왕이 즉위한 때가 나이 겨우 6세 때였으므로,

신목왕후는 어린 임금을 대신해서 정치적으로 막강한 영향력을 행사하는 한편

독실한 불교신앙을 가져 많은 불탑을 조성하기도 했습니다.

그리하여 바다 건너 일본에서도 신목왕후를 가리켜 '모왕(母王, 어머니 왕)'이라 부를 만큼 존경했다고 합니다.

재미있는 것은 신문왕이 왕비가 될 신부에게 보낸 예물 목록, 그 중에서도 먹거리입니다.

이 목록을 살펴보면 우리나라에서는 벌써 신문왕 때부터 간장·된장 등 발효식품이 개발되어 민간의 기본식품으로 널리 애용되고 있었음을 알 수 있지요.

그러고보면 오늘날까지 즐겨 먹는 우리의 발효식품은 그 역사가 너무나 오래되어

우리 민족의 유전자 속에 새겨진 떼려야 뗄 수 없는 식품이라는 것을 느낄 수 있답니다.

된장찌개가 먹고 싶어.

나도…

난 김치찌개!

한국인의 지혜가 담긴 장 문화
장 속에는 곰팡이가 살고 있어요

한국음식에서 빼놓을 수 없는 조미료가 바로 장입니다. 우리가 즐겨 먹는 된장, 간장, 고추장은 마법의 소스라고 해도 과언이 아니죠?

『삼국사기』를 보면 김유신 장군이 마셨다는 장수(漿水)가 나옵니다. 전쟁터로 가던 도중 부하에게 자기 집으로 가서 장물을 가져오라고 해서 맛을 보고는 "아, 우리집 장맛이 변하지 않았으니 집안이 무사하구나"라고 했다는 거예요. 또 신문왕(683년)의 결혼 예물 목록에도 장(醬)이 포함되어 있었다고 하니 우리나라 장의 장구한 역사를 알 수 있어요.

된장에 들어 있는 콩은 단백질이 아미노산으로 분해되면서 간장이 생기고 다양한 영양소와 구수함을 만들어냅니다. 콩에 있는 이소플라본과 사포닌은 항암 작용에, 레시틴이라는 성분은 혈관 벽에 쌓인 콜레스테롤을 제거하고 동맥경화와 고혈압을 예방하고 개선하기 때문에 현대인들이 반드시 먹어야 하는 식품이랍니다.

세계인들이 좋아하는 코리아 패스트푸드 중 최고로 손꼽히는 떡볶이는 가래떡과 고추장의 환상적인 조합으로서 쌀에 부족한 비타민B2, 비타민C, 카로틴 등 유익한 성분들이 풍부해서 남녀노소 구분 없이 누구나 좋아하는 음식이에요. 이렇게 장은 우리의 식생활에 큰 영향을 끼치고 있으며 한국인이 만들어낸 최고의 약선 지혜랍니다.

신라전통음식 명인 차은정의
집된장 체험하기

식재료
메주재료 햇콩 대두, 짚

된장재료 메주 10kg, 천일염 12kg, 물 40ℓ, 마른고추 3개, 숯 약간

조리순서

메주 만들기

❶ 대두는 깨끗이 씻어 3배가량의 물을 붓고 12시간 정도 불린다. 이때 여름에는 10시간, 겨울에는 하루를 불린다.

❷ 솥에 불린 콩과 물을 넣고 삶을 때 센불로 끓이다가 불을 줄여 약간 붉은 빛이 날 때까지 삶다가 손으로 만졌을 때 자연스럽게 으깨질 정도가 되면 절구에 넣고 곱게 찧는다.

❸ 메주 틀에 베 보자기를 깔고 삶은 콩을 눌러 담아 네모지게 또는 원추형으로 만든다. 그다음 틀에서 메주를 꺼내어 바람이 잘 통하는 곳에서 짚을 깔고 2~3일 말려준 후 짚으로 묶어 8~10주가량 볕이 잘 들고 통풍이 잘 되는 곳에 매단다.

❹ 곰팡이가 잘 뜬 겉면에 곰팡이와 먼지를 솔로 떨어낸 다음 통풍이 잘 되는 곳에 보관한다.

장 만들기

❶ 장독용 항아리에 짚을 넣고 불을 태워 소독해준다.

❷ 물에 소금을 녹여 염도를 맞추되 약 18~20%가 되도록 하는데 2월장은 20~24%, 3월장은 22~25%가 적당하다.

❸ 장독에 메주, 소금물, 마른 고추와 숯을 넣는다.

❹ 뚜껑을 닫아 장을 안정시키고 이물질이 들어가지 않도록 하되, 낮에는 뚜껑을 열어 볕을 주고 밤에는 닫아 이슬을 막아주는 관리를 한다.

❺ 60일간 발효한 후 간장, 된장을 분리하고 한 달간 숙성시킨다.

신라전통음식 명인 차은정의
보리고추장 체험하기

식재료
보리밥 3공기, 알메주가루 350g, 소금 250g, 불린 보리쌀 900g, 엿기름물 6ℓ,
고운 고춧가루 500g

조리순서

보릿가루 만들기
보리밥 3공기를 면보를 깐 채반 위에 놓고 뚜껑을 엎고 이불을 덮어 약 40도의 온도에
서 24시간 발효를 시킨 다음 3일간 자연건조시켜 믹서로 곱게 갈아준다.

발효반죽 만들기
용기에 보리가루와 물 1ℓ를 넣고 가루를 푼 다음 면보로 덮어 그늘에서 3일간 발효를 시
킨 후(색이 짙어져야 잘된 것이니 유의) 소금을 섞어 다시 3일간 발효시킨다.

조청 만들기
불린 보리쌀과 엿기름, 물 2ℓ를 믹서기에 넣고 잘 갈아서 말린 다음 전기밥솥에서 약 4
시간 삭힌 다음 1시간을 졸여준다. 이때 전기
밥솥은 '취사' 상태에서 해야 한다.

고추장 만들기
발효된 반죽에 조청과 고춧가루를 고루 섞어
보리고추장을 완성한다.

문무대왕의 구절판

신라 제30대 임금 문무대왕은 마침내 삼국통일을 이룩한 위대한 임금입니다.

여러분은 김유신 장군의 여동생 문희가 언니 보희에게서 꿈을 산 뒤 김춘추와 결혼에 이르는 러브스토리를 기억하지요?

그 결혼으로 말미암아 생긴 아들이 바로 문무왕입니다. 문무왕은 어려서부터 총명하며, 지식과 지혜가 뛰어났다고 합니다.

어린 시절 그는 당나라에 사신으로 파견된 적이 있습니다.

어린 나이에 참으로 똑똑하구나!

그때 당나라 황제에게 진덕여왕이 지은 「오언태평송」이라는 시를 바쳐 큰 칭찬을 받을 정도로 영특했습니다.

황제 폐하께 바치는 시이옵니다.

오~ 신라에는 이런 젊은이가 있으니 든든하겠구나!

그는 아버지 태종무열왕이 백제를 멸망시키고 세상을 떠나자 왕위를 이어받아 백제를 다시 일으켜 세우려는 세력을 진압하는 동시에 당나라 군사와 힘을 합쳐 고구려까지 멸망시켰어요.

삼국 통일의 과업을 완수하라!

그러나 그것으로 끝이 아니었지요. 멸망한 백제와 고구려 땅에 당나라가 도호부(都護府)를 설치하여 우리 땅을 직접 지배하려는 야욕을 드러낸 것입니다.

이에 신라에서 반발하자 당나라는 마침내 신라까지 공격하기로 마음먹었습니다.

그러던 어느 날이었어요.

폐하, 당나라로 공부하러 갔던 의상대사가 도착했습니다.

어서 들어오라 하라.

요즘 당나라의 근황은 어떠한가?

폐하, 큰일났습니다!

지금 당나라가 수십 만의 군사를 이끌고 신라로 쳐들어올 계획을 세우고 있사옵니다.

이럴 줄 알았다. 당나라 군사를 막아낼 방도는 없을까?

……

일찍이 명랑법사가 당나라에서 공부할 때 좋은 술법을 전수받고 돌아왔다고 하옵니다.

그러므로 명랑법사에게 물으면 좋은 계책이 있을 것이옵니다.

그럼 명랑법사를 궁궐로 불러들여라.

왕의 부름을 받은 명랑법사는 급히 궁궐로 들어왔어요.

당나라 군사를 물리칠 계책이 있겠소?

당나라 군사를 물리치려면 낭산(경주시 보문동에 있는 산) 남쪽에 있는 숲에 절을 지으면 되옵니다.

폐하!

지금 수많은 당나라 군사들이 배를 타고 바다를 건너오고 있사옵니다.

뭐라고!

일이 급박하게 돌아가니 어쩌면 좋겠는가?

그러나 명랑법사는 태연하게 대답했습니다.

그렇다면 화려한 무늬의 비단을 가지고 임시로 절을 지으면 위기를 넘길 수 있사옵니다.

이에 곱게 물들인 비단으로 가건물을 짓고, 풀로 다섯 방위를 맡은 신상을 만들었으며,

명랑법사 자신을 우두머리로 삼아 12명의 고승들과 함께 문두루비법(文豆婁秘法, 호국의 염원을 담은 불교의식)을 썼습니다.

그러자 아직 신라 군사와 맞붙기도 전에 바다를 건너오고 있던 당나라 군대는

신라를 쑥대밭으로 만들자!

노를 힘차게 저어라!

바람과 물결이 사납게 일어 그만 당나라 군대의 배가 모두 침몰하고 말았어요.

으악! 배가 침몰한다!

이게 무슨 괴변이냐!

이로써 임금은 마침내 당나라 세력을 모두 물리치고 삼한통일이라는 대업을 이루었습니다.

그 후에 명랑법사가 임시로 지은 절을 허물고 정식으로 다시 절을 지었으니, 이 절의 이름이 곧 사천왕사(四天王寺)입니다.

문무왕은 과연 성군 중에서도 성군이었습니다.

패망한 백제와 고구려 백성들을 거두어들여 평안하게 살도록 하고

전쟁에서 살아남은 사람과 죽은 사람에게도 두루 상을 내리고

중앙과 지방에 있는 사람들에게도 공평히 벼슬을 내려주도록 하여라.

무기를 녹여 농기구를 만들었고, 백성들의 어려움을 여러모로 보살펴주었습니다.

피로 얼룩진 칼이 사람을 살리는 농기구가 되었구나!

세금을 가볍게 하고 나라의 고된 노동을 덜어주니,

나라에 바치는 것이 적어지니 우리 백성들이 더 살기 좋아졌어.

집집마다 넉넉하고 사람들이 풍족하며 민간은 안정되고 나라 안에 걱정이 없게 되었습니다.

얼씨구나, 좋다~

임금이 나라를 다스리는 동안 집집마다 곳간에는 재물이 넘쳐나고, 죄인은 없어져서

우리도 살맛났어!

감옥에는 잡초만 무성했습니다.

이렇듯 스스로 온갖 어려운 고생을 무릅쓰기를 21년, 마침내 681년에 임금은 그만 몹쓸 병에 걸려 다음과 같은 유언을 남기고 세상을 떠났습니다.

임금께서 승하하셨다!

폐하!

폐하!

천하를 호령하던 영웅도 마지막에는 한 무더기 흙이 되어 나무꾼과 목동들이 그 위에서 노래하고 여우와 토끼는 그 옆에 굴을 팔 것이다.

그러므로 헛되이 재물을 낭비하는 것은 후세 사람들의 비방거리가 될 뿐 내 영혼을 구제할 수는 없다.

나는 죽은 뒤 용이 되어 나라를
지키며 부처님을 받들고 싶으니
내가 죽거든 동해바다에
묻어달라.

이 말에 따라 문무왕의 유해는 불교식으로 화장한 뒤 동해바다 바위 사이에 묻었습니다. 이것이 바로 '대왕암(大王岩)'이라고도 불

리는 문무대왕 수중릉(사적 제158호)입니다. 원래 이곳은 경주시 양북면 봉길리 앞바다인데, 대왕의 업적을 기려 '양북면'을 '문무대왕면'으로 고쳐 부르게 되었습니다.

문무왕은 과연 죽어서 용이 된 것일까요?

재미나고 분명한 것은, 이후 신라는 멸망할 때까지 우리 역사에서는 드물게 몇백 년 동안 왜적의 피해를 거의 입지 않았다는 것입니다.

뿐만 아니라 원래 우리나라 동해에는 섬이 많아 왜구들이 그곳에 터를 잡고 살았는데,

용이 된 문무왕이 울릉도를 빼고는 모두 부숴버렸다는 전설도 내려오고 있답니다.

문무왕의 꿈! 그것은 신라, 고구려, 백제를 가리지 않고 모두 화합하여 누구나 평안히 살 수 있도록 해주는 것이었습니다.

모두가 잘사는 나라를 만들자.

그런 원대한 꿈을 품고 결국 그 꿈을 이루었지만, 정작 임금 자신의 성품은 겸손하고 소박하기 짝이 없었어요.

하루가 짧게 느껴질 정도로 바쁘구나.

밥 먹고 하자.

그런 문무왕의 정신을 꼭 빼닮은 음식이 있으니, 구절판 요리가 바로 그것입니다.

찬합 둘레의 여덟 칸에 각각 여덟 가지 음식을 담고,

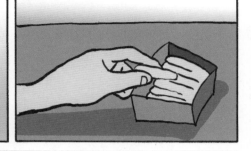

가운데 둥근 칸에는 밀전병을 담아두어, 둘레의 음식을 골고루 조금씩 전병에 싸서 먹는 우리나라 고유의 음식!

화려하지도 특별한 재료를 사용한 것도 아니지만,

요리의 기본을 지키며 먹는 사람의 마음까지 따스하게 감싸주는 음식!

이것이야말로 널리 백성을 사랑하고 이롭게 하려 했던 문무대왕의 정신과 꼭 닮았다고 할 것입니다.

통일신라시대 화합의 상징 구절판
오방색이 만들어내는 조화로움

'구절판(九折坂)'은 그릇이 아홉 칸으로 나뉘어 있는 모양을 음식이름으로 사용해오고 있답니다. 구절판은 제철에 나는 채소와 고기류 등 식물성식품(음)과 동물성식품(양)을 조화롭게 구성하고 밀가루 반죽으로 만든 전병에 싸서 겨자장에 찍어 먹는 궁중음식이에요.

구절판의 '구(九)'는 완전함과 충만함을 의미해서 여러 식재료가 함께 어우러져 화합한다는 뜻이 담겨 있다고 볼 수 있어요.

달걀의 노란색과 당근의 홍색, 표고버섯, 석이버섯, 고기의 검은색, 오이의 푸른색, 밀가루 전병의 흰색이 만들어내는 오방색의 조화로움이야말로 구절판의 특징입니다. 노란색은 위, 홍색은 심장, 검은색은 신장, 푸른색은 간, 흰색은 폐에 해당하여, 식품의 색이 장부에 영향을 미친다는 음식철학이 담겨 있어요.

이렇게 색이 아름답고 맛도 담백한 구절판은 현대인들에게 필요한 5대 영양소가 균형 있게 골고루 함유되어 외국인들도 좋아하는 약선음식입니다. 9가지의 식재료를 조화롭게 하나의 맛으로 담아내는 구절판 칠기그릇이 통일신라시대 안압지 고분에서 출토되었다는 역사적 사실과 2007년 남북정상회담 만찬에 제공되었던 구절판의 의미는 우연의 일치일까요?

삼국통일을 이룬 신라 제30대 문무대왕의 호국정신을 담아 우리 모두의 염원을 잇는 구절판을 통일의 음식으로 지정하여 그 뜻을 기리는 것도 좋지 않을까 하는 생각이 듭니다.

신라전통음식 명인 차은정의
구절판 체험하기

식재료

소고기 우둔살 100g, 당근 100g, 숙주 100g,
오이 1개, 표고버섯 4장, 석이버섯 10g,
달걀 4개

밀전병 재료 밀가루 100g, 물 200g, 소금 ½작은술

소고기, 표고버섯 양념재료 간장 1½큰술, 설탕 1큰술, 다진 파 1큰술, 다진 마늘 ½큰
술, 참기름 1작은술, 후춧가루 ¼작은술

겨자즙 재료 육수 1큰술, 발효겨자 3큰술, 진간장 1큰술, 식초 3큰술, 설탕 2큰술

조리순서

❶ 소고기는 폭 0.2cm 길이 6cm 두께 0.2cm 크기로
곱게 채 썰고 조물조물 양념한 다음 달구어진 팬에 식용
유를 둘러 볶아낸다.

❷ 석이버섯은 더운물에 담갔다가 마른 면보로 물기와
잡티를 깨끗이 씻어낸 후 돌돌 말아서 가늘게 채 썰고,
표고버섯도 곱게 채 썰어 소금과 참기름을 넣고 각각 볶
는다.

❸ 당근, 오이는 같은 길이 5㎝로 채를 썰고 소금을 약간 뿌려 살짝 절여서 물기를 짠 다음, 열이 오른 팬에 식용유를 두르고 각각 볶는다.

❹ 숙주는 깨끗이 씻어낸 후 머리와 꼬리를 깔끔하게 떼어내고 소금을 넣은 끓는 물에서 데쳐 차가운 물에 씻어 물기를 꼭 짠 다음 소금과 참기름으로 양념한다.

❺ 달걀은 황백 지단을 부쳐 5cm 길이로 채 썬다.

❻ 밀가루는 물과 비율에 맞춰 섞은 후 고운 체에 받쳐서 달구어진 팬에 식용유를 두르고 6cm정도의 원형 크기로 얇게 밀전병을 부친다.

❼ 구절판 용기 가운데에 밀전병을 담고, 각종 채소를 색깔별로 조화롭게 돌려 담은 후 겨자즙을 곁들인다.

진평왕의 국수

신라 제26대 진평왕은 특이한 인물입니다. 그는 제1대 혁거세왕을 제외하고는 가장 오랫동안 왕위에 있었으며(53년), 수명도 69세를 살았으니 의학이 발달하지 않은 당시로서는 엄청난 장수를 한 셈입니다.

뿐만 아니라 체격과 생김새도 특이했어요. 키는 무려 11척(2m 53cm)이나 되고,

신하들이 모두 목이 아픈 병에 걸렸다는…

어찌나 힘이 셌던지 계단에 오르려고 발을 내딛자 돌계단 섬돌 2개가 부숴졌는데,

허허…
어제는 기침을 했을 뿐인데 마룻바닥이 무너졌어.

신하들은 임금의 위엄을 보이려고 부서진 흔적을 그대로 두었다는 전설이 있을 정도지요.

누가 보면 쇠망치로 부순 줄 알 거야.

진평왕은 신라 제24대 진흥왕의 장남 동륜태자의 아들이에요.

8살 때

그러나 아버지 동륜태자가 일찍 죽어서 작은아버지가 왕위를 이어받아 제25대 진지왕이 되었지만,

즉위한 지 4년째 되던 해에 나라가 어지럽고 행실이 문란하여 임금을 내쫓고

진지왕을 탄핵한다!

내가 노는 데는 진지했거든…

그 자리를 이어 신라 제26대 왕이 되었지요.

북으로는 고구려, 서쪽에서는 백제의 침략으로 위기의 연속이지만 신하들을 잘 등용하여 삼국통일의 기반을 닦겠노라.

우리가 알 만한 삼국통일시대의 영웅들, 예컨대 김유신, 김춘추 등 전설적인 화랑과 정치가들이 우수수 쏟아져 나온 것도 이때입니다.

처음 임금이 왕위에 올랐을 당시 참으로 신비로운 일이 있었어요.

즉위 원년인 579년의 어느 날

이것을 항상 몸에 지니시고 나라를 잘 다스려 주시기 바랍니다.

진평왕이 받아보니 옥으로 장식한 화려하고 눈부신 허리띠였습니다.

하늘이 내려준 귀한 옥대로구나.

그날 이후 임금은 중요한 행사에는 항상 이 옥대를 착용하고 참석했어요.

훗날 사람들은 이 옥대를 하늘이 내린 것이라 하여 '천사옥대(天賜玉帶)'라 부르며, 황룡사구층목탑, 황룡사장륙삼존불상과 함께 신라의 3대 보물로 여겼답니다.

진평왕은 건장한 체격에 힘이 장사였던 사람답게 사냥을 무척 즐겼어요.

오늘은 노루를 잡아 잔치를 벌이자!

옛!

임금이 된 초기에는 거의 매일같이 매와 사냥개를 끌고 사냥하며 노는 것을 좋아했던 탓에 자칫 나랏일을 소홀히 하기 쉬웠어요.

호랑이를 잡아랏!

이거야 원, 쉴 틈이 없구나.

그러자 신하 김후직이 사냥을 멀리하라고 충언을 올렸지만 임금은 듣지 않았어요.

폐하, 대신 회의에 참석하셔야 합니다.

난 바쁘니까 너희들끼리 하거라.

하지만 김후직은 죽어서까지 임금의 사냥 길에 묻힌 뒤,

길 위에 웬 무덤?

임금이 사냥하러 자신의 무덤 앞을 지나갈 때마다 이렇게 간청을 했습니다.

?

사냥을 줄이고 나랏일을 보살펴야 하옵니다.

아… 그대는 진정 신라를 걱정하는 충신이구나.

감동을 받은 진평왕은 그때부터 점차 사냥 나가는 횟수를 줄이고 나랏일에 전념하기 시작해서 마침내 삼국통일의 기반이 될 만큼 튼튼한 신라를 만들었습니다.

유명한 '도화녀(桃花女)와 비형랑(鼻荊郎)' 이야기도 진평왕 때 있었던 일입니다.

이보다 앞서 임금의 자리에서 쫓겨난 진지왕은 폐위되기 직전

도화녀라는 여인이 그렇게 아름답다면서?

신라 최고의 미녀입니다.

도화녀를 나의 후궁으로 삼겠다.

하오나 도화녀에게는 남편이 있사옵니다.

임금 체통에 유부녀를 어찌할 수가 없겠군…

그후 진지왕은 임금의 자리에서 쫓겨나 죽고, 도화녀의 남편 역시 죽었어요.

어머니, 이상한 꿈을 꾸었어요.

도화녀가 간밤의 일을 어머니께 말했습니다.

글쎄 귀신이 된 진지왕이 우리 집에 와서 잠자리를 함께하자는 거예요.

진지왕은 죽어서도 나쁜 행실이 고쳐지지 않았구나.

그래도 임금의 명령을 어떻게 피하겠느냐.

그리하여 그날 밤 잠자리를 같이한 끝에 사내아이를 하나 낳았으니 이름을 '비형랑'이라 하였어요.

응애~

고추이옵니다!

이 비형랑이 매우 특이하다는 말을 들은 진평왕은 아이를 불러 궁중에서 길렀어요.

이젠 나이가 15세가 되었으니 너에게 벼슬을 내리겠노라.

황공하옵니다.

그런데 이 비형랑이 매일 밤마다 어디론가 사라졌다가 새벽이 되어서야 돌아오는 것이 아니겠어요?

도둑 고양이도 아니고…

의아하게 여긴 진평왕은 날랜 병사 50명으로 하여금 숨어서 비형랑이 어디로 가는지 지켜보게 했어요.

그러자 비형랑은 밤마다 궁궐 담을 넘어 서라벌 서쪽 시냇가 언덕으로 가서 귀신들과 놀다가

으시시하구나…

새벽 무렵 여러 절에서 울리는 종소리를 듣고서야 귀신들은 흩어지고 비형랑은 바람같이 궁궐로 돌아오는 것이었어요.

사실을 전해 들은 진평왕이 비형랑을 불러 말했어요.

네가 밤마다 귀신들을 거느리고 논다는 것이 사실이냐?

그렇습니다.

그렇다면 네가 귀신들을 시켜 신원사(神元寺) 북쪽 시내에 다리를 놓아라.

알겠사옵니다.

비형랑은 귀신들을 시켜 돌을 다듬게 하여 놀랍게도 하룻밤 사이에 다리를 놓았어요.

이 다리를 '귀신다리'라는 뜻으로 '귀교(鬼橋)'라 정한다.

귀신들 중에서 인간 세상에 나와 정치를 도울 만한 자가 있느냐?

길달(吉達)이란 자가 있는데 나라의 정사를 도울 만합니다.

그럼 당장 데려오너라.

이튿날 비형랑이 길달과 함께 나타나자 임금은 그에게도 벼슬을 내렸어요.

과연 길달은 세상에 둘도 없는 충성스러운 신하구나.

세월이 흘러 진평왕은 길달을 자식이 없는 늙은 신하 임종(林宗)으로 하여금 양자로 삼아 대를 잇도록 했어요.

폐하, 성은이 망극하옵니다.

한편 길달을 양자로 맞은 임종은 길달에게 흥륜사(興輪寺) 남쪽에 누문을 짓도록 하자,

길달은 역시 하룻밤 사이에 짓고는 매일 밤 그 문 위에 올라가서 잤어요.

그래서 사람들은 그 문 이름을 길달문(吉達門)이라 불렀지요.

길달이 하룻밤 만에 지은 문이래요.

귀신도 놀랄 솜씨로구나!

정말 귀신이라는 소문이…

다시 세월이 흘러 진평왕의 신하 임종은 죽고 그 아들 길달만이 남은 어느 날이었어요.

어휴, 따분해!

하루는 길달이 너무나 외로웠던지 그만 여우로 둔갑해서 도망쳐버렸지요.

믿었던 길달이 도망치자 너무나 화가 난 비형랑은 다시 귀신을 시켜 길달을 붙잡아 죽여버렸습니다.

이 귀신 놈을 두 번 죽이겠다!

이날 이후 귀신들은 비형랑의 이름만 듣고도 무서워서 도망쳤고, 이에 사람들은 다음과 같은 노래를 지어 부르고 가사를 써붙여 귀신을 내쫓곤 했답니다.

성스러운 임금의 넋이 아들을 낳았으니

비형랑의 집이 여기로세

날뛰는 온갖 귀신들이여

이곳에는 함부로 머물지 말라

이렇듯 진평왕이 신라를 다스리던 시절에 나라는 놀랍도록 강성해졌고,

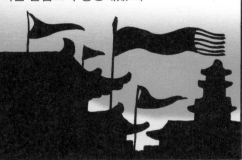

백성들의 생활도 몰라보게 좋아졌지요.

그렇게 진평왕은 53년 동안이나 나라를 다스리다가 69세에 세상을 떠났어요.

지금도 경주에 있는 진평왕릉에 가보면 늙고 잘생긴 소나무 한 그루가 왕릉을 향해 비스듬히 기운 채, 마치 신하가 임금의 머리 위에 양산(陽繖)을 떠받치듯 서 있답니다.

소박하지만 정성스러운 국수
돌잔치, 결혼, 회갑 등에는 빠지지 않는 음식

경상도에서는 '국수'를 '국시'라고 말한다는 걸 다들 알고 계시죠? '국시'는 러시아어로 '쿡시(кукси)'라고 하는데요, 우즈베키스탄을 비롯한 중앙아시아의 고려인들이 먹던 음식을 '국시'라고 부르기도 한답니다.

기원전 6세기까지 거슬러 올라가는 국수의 역사는 중국 황제가 아들을 낳은 것을 기념해 탕병연(湯餠宴)으로 잔치를 벌였다는 기록이 있는데 그때의 탕병은 면이 굵어 칼국수와 같은 모양을 했던 것으로 추측됩니다. 그러다가 당나라 무렵 실크로드가 번창하면서 제분 기술이 도입되어 길고 가느다란 국수가 나타났고 잔치 때는 빠지지 않는 음식이 되었다지요.

우리나라는 조선 시대에 밀가루를 '진짜 가루'라는 뜻으로 '진가루[眞末]'라고 부르면서 귀하게 여겼습니다. 특히 돌잔치, 결혼, 회갑 등 중요한 행사가 있을 때면 국수를 먹는 풍습이 지금까지도 전해 내려오는 것을 보면 신라시대 진평왕처럼 건강하게 오래 살게 해달라는 염원이 담겼다고 볼 수 있겠죠. 그래서 국수를 먹을 때는 면발을 끊어서 먹지 않는 이유이기도 하구요. 그뿐일까요? 잔칫날이 아니더라도 출출할 때 부담 없이 먹는 국수도 얼마나 맛있게요. 여름에는 시원한 열무 국수로 더위를 식혀주고, 겨울에는 소화가 잘되는 동치미 국물에 묵은지를 총총 썰어 면에 얹어 말아 먹다보면 진수성찬에 비교할 바 없는 별미겠지요?

초계국수는 중국 냉면과 흡사한 맛을 가지고 있습니다. 그러나 초계국수는 닭육수에 식초와 겨자를, 중국냉면은 가죽나무 육수에 땅콩버터를 씁니다. 이렇게 소재는 다르지만 여름철 더위를 식혀주는 초계국수와 중국냉면은 궁중에서는 임금님이 드시던 약선보양 국수였다고 합니다.

우리나라에서 국수의 역사는 적어도 1000년을 넘었어요.

고려시대의 기록만 보더라도 벌써 국수 요리를 해먹은 기록이 나오거든요.

그러고보면 국수는 우리 민족의 역사에서 가장 오래된 음식 중의 하나라고도 할 수 있지요.

그리고 국수 국물도 지금처럼 멸치 같은 것을 사용하지 않고 육류에 갖은 고명을 얹은 기록을 볼 수 있어요.

신라전통음식 명인 차은정의
초계국수 체험하기

식재료

중닭 1마리, 물 6~7컵, 메밀국수, 다진 소고기 우둔살 40g, 불린 해삼 40g,
느타리버섯 40g, 가시오이 1개, 소금 약간 , 식용유 1큰술, 배 ¼개, 파 1대,
마늘 4~5쪽, 양파 ½개, 소금 ¼작은술

닭살양념 소금 ¼작은술, 깨소금 ½큰술, 참기름 1작은술
버섯양념 소금 ¼작은술, 깨소금 1작은술, 참기름 1작은술
고기양념 청장 ½작은술, 설탕 ½작은술, 다진 파 ½작은술, 다진 마늘 ½작은술,
　　　　　　후춧가루 약간, 참기름 1작은술
겨자즙 발효겨자 1큰술, 간장 ½큰술, 설탕 1큰술, 식초 3큰술, 소금 약간

조리순서

❶ 닭은 내장과 기름기를 떼고 깨끗이 씻어 솥에 물과 함께
넣고 20~30분간 끓이다가 대파, 마늘, 양파를 넣고 10여 분
간 더 끓여준다. 그다음 육수는 베보자기에 걸러내고 겨자즙
을 넣고 맛을 내어 차갑게 보관한다. 닭살은 결대로 찢어 양념
을 해준다.

❷ 끓는 물에 느타리버섯을 살짝 데쳐서 버섯양념으로 무
친다.

❸ 메밀국수를 삶아 얼음물에 헹궈 그릇에 담아놓는다.

❹ 가시오이는 소금으로 비벼가며 씻어 꼭지 부분을 제거하고 세로로 2등분 한 후 길이 4~5cm에 두께 0.2cm로 어슷 썰고 소금에 살짝 절여 물기를 꼭 짠 다음 센불에서 빨리 볶아 식힌다.

❺ 불린 해삼은 씻어서 길이 4~5cm, 폭과 두께는 0.5cm 정도로 썰어 소금으로 살짝 양념하여 센불에서 볶아낸다.

❻ 다진 쇠고기는 고기 양념장으로 양념하여 완자를 빚어 팬에서 뒹굴리듯 익혀준다.

❼ 그릇에 메밀국수, 닭살, 느타리버섯, 오이, 불린 해삼, 완자를 얹고 차가운 닭 육수를 부어 완성한다.

김유신의 설화맥적

김유신은 신라 최고의 충신이자 명장이며, 삼국통일의 일등공신입니다.

그는 진평왕부터 문무왕까지 80년 가까운 기간 동안 살면서 5명의 신라 왕을 섬겼고,

수많은 전장에서 싸워 마침내 신라를 최후의 승자로 만드는 데 공헌했습니다.

김유신의 조상은 원래 금관가야의 왕족이었습니다.

금관가야가 법흥왕 때 신라에 항복하면서 김유신의 집안도 신라의 진골 귀족이 되었다.

아버지는 신라 장군 김서현이고, 어머니는 신라 왕족 만명부인이지요.

이 만명부인이 꿈을 꾸었는데,

황금갑옷으로 무장한 한 소년이 구름을 타고 내려와 내 품에 안기더라고..

그러고 나서 낳은 아들이 김유신 장군입니다.

으앵~!

소년시절 김유신은 일찍이 화랑의 우두머리인 '국선(國仙)'이 되어 서라벌 주변 중악(中嶽)이라는 산에서 무예를 수련하였는데,

엽!!!

어느 날 목욕재계하고 하늘에 비니 하늘로부터 보검과 함께 '난승(難勝)'이라는 도인이 내려와 김유신에게 검법을 가르쳐주었습니다.

그리하여 스승으로부터 모든 검법을 터득한 김유신이 산꼭대기에 올라 하늘로부터 내려받은 보검으로 바위를 내려치니 바위가 두 동강이 나버렸다고 하지요.

이때부터 이 산을 '돌을 잘랐다'라는 뜻으로 '단석산(斷石山)'이라 부르게 되었는데,

실제 오늘날 경주 단석산 정상에는 김유신이 두 동강 냈다는 바위가 존재한답니다.

이 무렵 서라벌에는 '천관녀'라는 아름다운 신녀(神女, 나라의 제사 업무를 보조하는 무녀)가 살았습니다.

아직 화랑이었던 김유신은 그녀와 사랑에 빠졌습니다.

그리하여 무예 수련도 게을리한 채 틈만 나면 천관녀의 집에 들러 술을 마시며 노래와 춤에 빠지게 되자

어머니 만명부인이 울면서 타일렀지요.

아들아, 나는 이제 늙었다.

나는 네가 커서 공을 세워 임금과 부모에게 기쁨을 안겨줄 날만을 밤낮으로 고대해왔는데 어찌 너는 술과 여자만 쫓아다니느냐?

어머님, 제가 잘못했습니다. 이제 다시는 천관녀의 집에 들르지 않겠사옵니다.

그런 뒤 어느 날이었습니다.

그날도 김유신은 동료 화랑들과 함께 무예 수련을 마치고 서로 어울려 술을 한잔 마시고는 말 위에 올라 집으로 돌아가는 길이었지요.

술에 취하여 고개를 떨군 채 말이 가는 대로 몸을 내맡기며 가고 있는데

아뿔사, 문득 정신을 차리고보니 천관녀의 집 앞이 아니겠어요?

소스라치게 놀란 김유신은 당장 말에서 내려 칼을 뽑아 말의 목을 내리치고는

하늘을 우러러 이렇게 맹세했지요.

아, 그동안 내가 얼마나 술과 여자에 빠졌으면 말이 저절로 천관녀의 집에 이를 정도였겠는가!

사내대장부로 태어나
큰 꿈을 이루기 전에 다시는
술과 여자를 가까이하지
않으리라!

이때 김유신의 집과 천관녀의 집은 직선거리
로 불과 50여 미터밖에 떨어져 있지 않았다고
합니다.

소식을 전해 들은 천관녀는 한편으로는 김유신의 무정함을 원망하며 노래를 지어 불렀는데
이 노래가 「원사(怨詞)」라는 제목의 향가이지요.

이윽고 노래가 끝나자 천관녀는 마음속으로
이렇게 다짐했습니다.

사랑을 잃은 것은 가슴
아프지만, 나라의 대사를
위해 결단을 하였으니 과연
사내대장부로다!

이제부터 나는
사랑하는 남자를 위해
기도를 올리며 일생을
살아야겠다!

그리하여 천관녀는 그날로 신녀 직을 그만두고 절에 들어가 비구니가 되어 김유신의 무운장구(武運長久)를 빌기 시작했습니다.

천관녀와 헤어진 김유신에게도 어느새 첫 전투가 다가왔습니다.

고구려의 낭비성을 공격해 빼앗는 것이었지요.

이 전투에서 대승을 거둔 김유신은 이때 일생의 동지 김춘추를 만납니다.

용이 여의주를 얻은 형국이구나.

어이, 김유신! 우리 친구하세.

김유신이 꾀를 내어 여동생 문희를 김춘추에게 시집 보낸 것도 이 무렵의 일입니다.

나의 작전대로 잘되었지…

김유신의 활약은 대단했습니다. 이때부터 고구려와 백제와의 수많은 전투를 치르느라 김유신은 싸움에 이기고도 편히 쉴 형편이 못 되었습니다.

이때의 상황을 말해주는 이야기가 하나 있습니다.

장군의 집 앞을 지나가게 됩니다.

김유신의 집에는 물맛 좋기로 유명한 '재매정(財買井)'이라는 우물이 하나 있었는데,

장군, 집에 가서 쉬었다 가시지요.

승전을 거두고도 김유신은 집안으로 들어가지 못하고 문 밖에서 하인을 불러 우물물을 한 바가지 떠오게 해서 마시고는 이렇게 말했습니다.

아, 우리 집 우물물은 여전히 옛날 맛 그대로구나! 하하하!

그러자 따르던 부하들도 감격해서 머리를 조아리며 이렇게 말했어요.

장군께서 이와 같으신데, 저희들이 가족과 헤어지는 것을 어찌 한스럽게 여기겠사옵니까!

그리하여 김유신은 하루도 집안에서 편히 쉬지 못하고 곧 말머리를 돌려 다시 군사를 조련하고 무기를 수선하여 다른 전투에 참가해야 했지요.

세월이 흘러 김유신도 김춘추도 어느덧 노인의 나이가 되어가고 있었습니다. 이때 두 사람은 마침내 필생의 꿈, 삼국통일의 대업을 이루기로 결심하고 당나라 군사와 힘을 합쳐 먼저 백제를 공격해 멸망시키고(660),

잇달아 고구려마저 멸망시켜서(668) 필생의 꿈을 이룹니다.

벌써 내 나이가 70살이 넘었구나.

산천은 변함이 없건만…

그제야 노장군의 머릿속에는 젊은 시절 사랑했던 천관녀가 떠올라 급히 그녀를 찾았지만.

천관녀는 이미 세상을 떠난 지 오래입니다.

어허, 그랬구나.

안타깝도다, 일생을 나를 위해 기도하다가 세상을 뜨고 말았으니…

김유신은 천관녀에게 속죄하는 마음으로 절을 하나 지어 바쳤는데 그 절의 이름이 바로 천관사(天官寺)입니다.

절이 완공되자 김유신 장군은 산 좋고 물 좋은 곳으로 임금과 모든 신하들을 불러놓고 하늘에
제사를 올리며 감격의 눈물을 흘렸습니다.

천지신명이시여, 신라를
보살펴주신 거룩한 은혜를
잊지 않겠습니다.

잇달아 풍악소리 드높은 가운데 노래하고
춤추며 술 마시는 흥겨운 잔치가 베풀어
졌지요.

이때 나라 안의 산해진미는 모두 나왔는데,

그 중에서도 으뜸가는 음식이 '맥적
(貊炙)'입니다.

불고기의 원조라 할 수 있는 이 맥적은 사실 고려시대
이전까지 우리 민족의 대표적인 육류 음식으로서,

큰 잔치나 손님 접대가 있을 때면 귀족들이 꼭 내놓았던 음식이지요.

그로부터 얼마 지나지 않아 김유신 장군은 세상을 떠났으니 그때가 673년. 그의 나이 78세였습니다.

당시로서는 놀랍도록 장수를 한 셈이야.

나라에서는 김유신 장군의 거룩한 업적을 기려 '흥무대왕(興武大王)'이라는 칭호를 올려 바쳤으니, 이는 우리나라 역사상 왕족이 아님에도 왕의 자리에까지 오른 유일한 인물입니다.

지금도 경주시 충효동 송화산 옥녀봉 기슭에는 이 세상 그 어느 왕릉보다도 멋지고 웅장한 김유신 장군묘가 있어서 장군의 업적을 기리기 위해 찾아오는 방문객들을 맞이하고 있답니다.

먼 신라시대부터 오늘에 이르기까지 남녀노소뿐만 아니라 외국인들까지 좋아하는 불고기의 원조, 맥적!

오우, 원더풀!

이 음식은 그후 고려시대에는 '설야적', 조선시대에는 '너비아니' 등으로 이름과 조리방법을 조금씩 달리하면서 지금까지 이어져 내려오고 있습니다.

너비아니는 임금님 수랏상에도 올라갔어요.

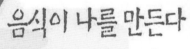

경주신라
九珍味

음식이 나를 만든다

신라 약선(藥膳)
바로 알기

푸드닥터 차은정과 함께하는 치유반상

돼지가 된장을 사랑했네! 설화맥적
외국인들도 좋아하는 한국의 대표음식

불고기는 외국인들이 가장 좋아하는 한국음식이라고 합니다. 여러분도 좋아하시죠? 이 불고기는 얇게 썬 소고기를 양념에 무쳐서 석쇠에 얹어 불에 구웠다고 해서 불고기라고 부르는데요, 서양의 바비큐 요리와 비슷한 것이랍니다.

지금은 불고기를 팬에 구워서 고기국물이 생기면 밥을 비벼 먹기도 하는 참 맛있는 우리나라 전통음식인데요, 불고기와 비슷한 전통요리로 맥적(貊炙)이란 걸 소개하려고 해요.

불고기는 주로 소고기에 간장을 밑간으로 하고 여기에 갖은 양념을 더하여 맛을 내지만, 맥적은 한국의 발효식품 중 으뜸가는 된장으로 돼지고기의 잡냄새를 없애고 돼지의 찬 성질을 된장과 달래와 마늘이 보완해주어 고급스럽고 색다른 맛을 만들어냅니다. 그러므로 맥적이야말로 약선음식의 대표적인 음식궁합이 아닐까요!

신라전통음식 명인 차은정의
맥적 체험하기

식재료
돼지고기 목살 600g, 달래 50g, 부추20g

양념장 된장 3큰술, 물 2큰술, 청주 2큰술, 조청 1큰술, 생강즙 ½큰술 , 참기름 2큰술,
설탕 ½큰술, 깨소금 1작은술, 다진마늘 1작은술

달래무침 설탕 ½작은술, 국간장 1작은술, 고춧가루 1작은술, 식초 1큰술,
깨소금 ½작은술

조리순서

❶ 돼지고기를 1cm 두께로 잔 칼질을 넣는다.

❷ 달래 ⅓과 부추는 송송 썰고, 마늘은 굵게 다진다.

❸ 된장과 물을 풀어 청주, 조청, 생강즙, 참기름, 설탕,
깨소금과 다진 마늘을 섞어 양념장을 만든다.

❹ 용기에 돼지고기, 송송 썬 달래와 부추, 양념장을 넣어
주물주물하면서 버무린다.

❺ 남은 달래는 먹기좋은 길이로 썰어 달래무침용 양념을
넣어서 무쳐준다.

❻ 양념이 배어들면 직화에 구워 먹기 좋은 크기로 썰어
접시에 담아 완성한다.

성덕대왕의 도토리묵채

신라 제33대 성덕왕은 신문왕의 둘째아들이자 효소왕의 친동생입니다.

자식을 두지 못한 효소왕이 세상을 떠나자 평소 그의 덕망을 우러러 존경했던 백성들이 추대하여 임금이 되었어요.

이때가 702년. 신라가 삼국통일을 이룩한 지도 400여 년이 지나서 나라의 기강과 백성들의 민심이 두루 안정되어갈 때였지요.

사람들은 이 성덕왕이 임금의 자리에 있을 때를 통일신라의 전성기의 시작이라고 본답니다.

임금의 자리에 오른 성덕왕은 여러 차례에 걸쳐 대사면령을 내림으로써 감옥에 갇힌 죄수들을 석방해주었습니다.

자유다!

임금님, 고맙습니다!

그러고는 사실상 삼국통일을 거의 완성하다시피한 태종 무열왕의 영혼을 달래기 위해 봉덕사(奉德寺)를 지어 죽은 임금이 극락왕생하기를 빌어주었지요.

문제는 성덕왕이 다스리던 시절, 이상하게도 가뭄과 산사태 등 자연재해가 자주 발생하여 농사는 흉작이 되고 백성들의 피해도 컸다는 점입니다.

사정이 이렇게 되자 굶어죽는 사람이 속출하게 되었습니다.

특히 홀아비, 과부, 고아, 자식 없는 노인들의 피해가 컸습니다.

임금은 하늘을 우러러 크게 한탄하며 스스로를 책망했지요.

아, 예로부터 하늘이 천재지변을 내리는 것은 다스리는 사람이 부덕한 탓이라고 들었다.

이제부터 몸가짐을 더욱 낮추고 조심하며, 나부터 먼저 근검절약을 실천해야겠다.

임금은 자신부터 모범을 보였어요.

궁궐에서의 잔치를 절제하고 화려한 치장을 금한다.

나라의 창고를 열어 굶주리는 백성들에게 곡식과 곡식 종자를 나누어주면서 말했어요.

백성은 나의 부모요, 자식과 마찬가지다. 나라 안에 굶어죽는 사람이 있고서야 내가 어찌 편히 잠들 수 있겠는가!

지금 내가 백성들에게
곡식을 나누어주었지만
그것으로는 턱없이
부족할 것이다.

너희들은 백성들이 굶주림을
면할 방법과 농사를 잘 짓는
방법을 깨우쳐서 널리 보급
하도록 하라.

예!!

임금의 명을 받은 신하들은 곡식으로는 미처 해결하지 못
하는 배고픔을 달래기 위해 산과 들판에서 나는 나물이나
열매로 굶주림을 달래는 방법을 생각했지요.

그리하여 도라지, 더덕, 토란, 칡, 마, 소나무, 뽕나무, 느릅나무, 밤, 도토리 등의 줄기와 껍질과
뿌리와 어린 잎과 어린 순과 열매를 빻은 가루 등으로 당장의 배고픔을 달랠 수 있는 음식을 만들
어 먹었는데 이것이 오늘날 '구황식품'이라고 부르는 것입니다.

성덕왕은 여기서 그치지 않고 친히 신하들을 거느리고 여러 지방을 돌아다니며 백성들의 어려운 사정을 살피고 위로해주었습니다.

그대들이 고통을 겪는 것은 모두 내가 부덕한 탓이오.

나는 이제부터 나라 안의 모든 땅을 백성들에게 골고루 나누어주겠으니,

앞으로 더욱 힘써 농사를 지어 배고픔을 면하길 바라오.

그리하여 15세 이상의 남자들에게 땅을 골고루 나누어주었는데 이것을 '정전(丁田)'이라고 합니다.

이 땅은 나라에서 내려주는 농토입니다.

이 땅이 정말 우리 것이란 말입니까?

이때 비로소 일반 백성들은 처음으로 개인 소유의 땅을 가지게 되었습니다.

와우! 부자가 된 기분이야.

성덕왕의 보살핌에 감격한 백성들은 마침내 가뭄과 굶주림을 이겨내고 자기 땅에 씨를 뿌려 농사를 지어 드디어 풍년이 찾아왔습니다. 모두들 감격의 눈물을 흘렸습니다.

우리 임금님 만세!

풍년일세! 우리 땅에서 풍년일세!

이젠 배불리 먹을 수 있게 되었어!

저 들판의 땅과 곡식들이 모두 내 것이란 말인가! 아, 임금이시여! 임금의 높은 덕이시여!

백성들은 들판의 곡식을 거두어 찧어 나온 쌀로 술과 밥과 떡을 만들어 잔치를 열며 성덕왕의 은혜를 이렇게 노래했습니다.

임금의 수명은 산과 바다같이 길고

임금의 자리는 알천 시냇물과 같이 크길 바라며

임금의 자손들은 두루 번창할 것이고 임금의 업적은 보석과 같이 영원히 빛날 것이옵니다.

태평성대가 시작되었습니다.

백성들의 살림살이가 훨씬 풍족해졌어요.

이때는 나라 밖 당나라, 발해, 일본 등과의 관계도 큰 다툼 없이 순조로웠어요.

나라의 안과 밖이 평온하구나.

폐하의 성덕이옵니다.

그리하여 성덕왕은 36년 동안이나 나라를 다스리다가 737년에 세상을 떠났습니다.

세상 사람들은 조선시대에 명군 세종대왕이 있었다면,

신라시대에는 성덕대왕이 있었다고 칭송하지요.

백성들을 배불리 먹이고 평안하게 하는 것이 명군이지.

여러분, '에밀레종'을 아시지요?

정확한 명칭은 '성적대왕신종'이라고 불리는 이 종은 신라 제35대 경덕왕이 아버지 성덕대왕의 업적을 기리고자 만들기 시작하여 성덕대왕의 손자인 제36대 혜공왕이 재위하던 771년에야 완성되었습니다.

그 규모와 아름다움에서 아직까지 비교의 대상이 없는 가히 한국의 대표적인 명품 종이지요.

이 종을 만들 때 갓난아이를 시주받아 쇳물에 던져 만들어서 아이가 어머니를 그리워하는 마음으로 '에미일레라' 하고 운다는 전설이 있는데 믿을 것이 못 됩니다.

살생 금지를 가장 큰 덕목으로 여기는 불교를 국교로 섬긴 신라에서 그럴 리가 있겠어요?

지금도 국립경주박물관 야외 마당에는 이 성덕대왕신종이 웅장하게 걸려 있어서 그 옛날 신라의 마음을 잔잔히 보여준답니다.

오늘날 우리들은 먹을거리가 지천으로 널려 있지만, 사실 우리 민족이 배고픔에서 벗어난 것은 불과 지난 50년 안팎의 일입니다.

올해 보릿고개는 유난히 길고 험난하구나.

여보, 먹을 것이 다 떨어졌어요.

그 전에는 수백, 수천 년 동안 굶주림과 싸우는 것이 백성들의 가장 큰 고통이었지요.

우리에게 먹을 것을 달라!

탐관오리들은 백성들의 고혈을 그만 착취하라!

자연재해로 흉년인데 나라에서는 세금을 더 내라니…

그래서 나온 것이 구황식품입니다.

요즘은 이 구황식품이 웰빙식품으로 인기가 많지요.

다이어트 식품으로 좋아요.

옛날에는 먹을 것이 부족해서 먹던 건데…

그 중에서도 비타민이 풍부하고 쌉싸름한 맛이 일품인 도토리묵채는 예나 지금이나 한국인들이 즐겨 먹는 음식 중 하나이지요.

도토리묵과 갖은 야채를 채로 썰어 멸치 국물을 넣어 먹지요.

경주 팔우정 거리의 도토리묵사발
구황식품의 대표적 음식

도토리는 동물의 먹이로도 자주 쓰이는 식재료입니다. 그러나 이 도토리는 흉년이나 전쟁, 천재지변으로 인한 백성들의 기근을 구하는 구황식품(救荒食品)으로도 널리 이용되어서 예부터 우리나라에서는 대단히 귀하게 여긴 식품입니다.

구황식품은 쌀이나 보리처럼 일상적으로 먹는 식품이 모자랄 때 그 대용으로 먹을 수 있는 식품을 말합니다. 산과 들에 자생하는 초근목피와 평소 먹지 않던 곤충이나 생선, 동물, 그리고 소금과 장에 이르기까지 그 수와 종류가 워낙 많고 시대의 변천이나 지역에 따라서도 다양하다고 할 수 있답니다.

그 중에서도 도토리는 구황식품이라기보다는 이제는 생활식품으로 더 친근해 있고 타닌을 함유하고 있어서 장의 수렴작용을 하여 설사와 부스럼을 멎게 하고 노폐물을 배출시키며 정신을 맑게 해주는 식품이라고 『본초강목(本草綱目)』에서 말하고 있습니다.

우리나라 최초의 한글조리서인 『음식디미방』(1680년경)의 저자 장계향 선생님은 임진 왜란 직후 굶주린 자들을 위해 도토리죽을 끓여 굶주리는 백성들에게 먹였다고 합니다. 이 책에는 그 외에도 145가지의 조리법을 수록하고 있어서, 지금도 경상북도 영양의 두들마을에 가면 '음식디미방 음식체험관'에서 체험할 수가 있답니다.

또한 경주시 팔우정거리(8명의 친구가 우정을 나누던 거리)에 가면 도토리묵사발을 파는 식당들을 만날 수 있는데요. 반찬으로만 주로 먹는 도토리묵을 요리로 먹을 수 있어서 경주를 여행하는 이들에게는 신선한 음식문화체험이 될 것이고 현지인들에게는 정겨운 고향 음식이 될 것입니다.

신라전통음식 명인 차은정의
도토리묵사발 체험하기

식재료

도토리묵 600g, 김치100g, 밥 한 공기, 오이 ½개, 김 5장
양념장 간장 2큰술, 고춧가루 1큰술, 다진 파 1큰술, 참기름 ½큰술, 깨 ½큰술
멸치국수 멸치 한 움큼, 물 1ℓ

조리순서

❶ 솥에 물을 넣고 끓으면 불을 끄고 내장을 제거한
멸치를 넣어 육수를 우려내고 멸치를 건져낸다.

❷ 도토리묵은 채를 썰고 김치는 총총 썰어서 식용유
를 두른 팬에서 볶아두고 김은 살짝 구워서 손으로 비
비듯이 부스러뜨려 둔다.

❸ 간장에 고춧가루와 다진 파, 참기름, 깨를 섞어 양
념장을 만든다.

❹ 그릇에 밥을 넣고 도토리묵 채를 담고 볶은 김치,
김과 깨를 고명으로 얹은 후 멸치육수를 붓고 양념장을
곁들여 완성한다.

법흥왕의 연잎밥

신라 제23대 법흥왕은 고대 부족 국가에 불과했던 신라의 국가체제를 완성한 임금입니다.

그 이전까지 신라왕들은 6부 중 하나인 탁부(啄部)의 지도자에 불과했지만, 법흥왕에 이르러 비로소 중앙집권체제를 공고히 하고 모든 기록에도 처음으로 '임금'을 '왕'으로 표현하기 시작하지요.

왕이시여!

법흥왕은 신라 역사상 처음으로 관리의 옷을 붉은색과 자주색으로 지정하고,

또한 역사상 처음으로 상대등(上大等)을 비롯한 관직명을 쓰기 시작했으며,

관직의 상하가 구분되니까 나라 운영이 효율적으로 변했어.

군사를 담당하는 병부(兵部)를 설치하고,

나라를 지키고 유지하는 것이 군사력이다.

백제와 당나라와의 외교에도 힘쓰고,

백성들의 평안을 위해 전쟁을 자제하자고...

고대국가 산업의 기초이자 전부였던 농업 진흥에도 힘을 써서 나라 안의 많은 저수지를 수리하기도 했지요.

이젠 홍수나 가뭄이 와도 걱정을 덜하게 생겼어.

그리하여 이후 진흥왕 때에 이르러 신라의 놀라운 국력 신장과 영토 확장은 사실 법흥왕이 그 토대를 닦아놓았기 때문이랍니다.

선대의 공적으로 신라의 영광이 더욱 커지게 되었다.

그러나 뭐니뭐니해도 법흥왕의 가장 큰 공로는 불교를 공인한 것입니다.

'법흥왕(法興王)'의 '법(法)'은 불법(佛法), 즉 불교를 가리키는 말입니다.

사실 법흥왕이 불교를 처음으로 공인하기 이전에도 신라에는 불교가 들어와 있었습니다.

소지왕의 '사금갑(射琴匣)' 설화에도 승려가 등장하는 것을 보면 알 수 있다.

법흥왕은 독실한 불교신자였습니다.

임금 자리는 별로 즐겁지 않아.

나랏일로 바쁜 틈틈이 부처님의 가르침을 배우고 닦는 것이 유일한 즐거움이구나.

그런 법흥왕에게도 고민이 있었습니다.

불교를 국교로
받아들여 백성들에게
알리고,

불교의 힘으로 나라를
다스렸으면 좋으련만
신하들의 반대가 극심하니
이를 어쩐다….

모처럼 마음먹은 일이 신하들의 반대에 부딪히자 임금은 크게 실망하였습니다.

폐하!
그건 있을 수 없는
일입니다.

통촉하여
주시옵소서!

휴…
임금도 할 수 없는
일이 많아.

전하.

이때 그런 임금의 속마음을 꿰뚫어본 신하가 있었으니 바로 이차돈(異次頓)이었지요.

폐하의 뜻을 이루도록
돕고 싶사옵니다.

이차돈도 법흥왕과 마찬가지로 독실한
불교신자였어요.

소인도
불교의 훌륭한 가르침을
백성들에게 널리
전하지 못하는 것이
가슴 아팠습니다.

나를 어떻게 돕고 싶다는 것이냐?

제 목숨을 바쳐 앞으로는 신하들이 폐하의 뜻에 감히 반대하지 못하도록 할 것이니, 제 소원을 들어주소서.

그래, 네 소원이 무엇이냐?

이차돈이 나지막한 귓속말로 임금에게 속삭였습니다.

……

뭐라고!

아무리 그래도 그렇지, 불교를 공인하기 위해 죄 없는 사람의 목숨을 빼앗을 수는 없다.

너의 갸륵한 마음만은
받아들이겠으나,
이 일은 없었던
일로 하자.

폐하!

이 일은 저의
소원이기도 하옵니다.

모든 것 중에서 가장
버리기 어려운 것이
목숨이지만,

이 몸이 죽음으로써
온 나라에 부처님의
가르침이 가득 퍼지면
폐하와 백성의 길도
편안할 것이고

소신도 죽어서
부처님의 품 안에서
편안할 것이옵니다.

거듭된 이차돈의 간청에 법흥왕도 그가 고집을 꺾지
않을 것임을 알고 마침내 고개를 끄덕였습니다.

아…

폐하,
황공하옵니다.

법흥왕의 허락을 얻은 이차돈은 남천(南川)의 북쪽 언덕에 있는 천경림(天鏡林)이라는 숲에 절을 짓기 시작했습니다.

이 소문을 듣고 몰려온 사람들이 사납게 물었지요.

불교는 나라에서 금하는 것인데 어찌 이리 무엄하게 절을 짓는가?

이차돈은 태연하게 대꾸했습니다.

걱정 마시오. 모두 임금님의 허락을 받고 짓는 것이오.

뭐라고!

아니, 임금님이 어떻게 그럴 수 있는 거지?

임금님께 직접 물어봅시다.

사람들은 다시 법흥왕에게로 몰려가 따지듯이 말했습니다.

나라 안에 불교를 전파시키는 것은 금하는 것인데…

폐하께서는 어이하여 이차돈에게 절을 짓는 것을 허락하셨사옵니까?

임금은 이차돈과 의논해놓은 대로 고개를 가로저었어요.

뭐라고? 난 허락한 적이 없는데…

내가 이차돈을 불러들여서 거짓말을 한 까닭을 물어볼 것이다.

부름을 받은 이차돈은 법흥왕과 신하들 앞에 나타나서 당당하게 말했습니다.

제가 절을 지은 것은 부처님의 뜻에 따라 혼자서 벌인 일이지,

폐하께서 시킨 일은 결코 아니옵니다.

감히 폐하를 속여 거짓말을 한 죄가 크니 소신을 죽여주옵소서.

임금은 짐짓 크게 화를 내어 소리쳤습니다.

이 무엄한 놈을 당장 끌고 나가서 목을 베어라!

폐하…

아…

이윽고 이차돈은 밖으로 끌려나가 법흥왕과 수많은 귀족과 신하들이 보는 가운데 무릎을 꿇고 칼을 받게 되었어요.

그때 다시 이차돈이 조용히 말했습니다.

만일 부처님이 살아 계시다면 제가 죽은 뒤 반드시 신비한 기적이 일어날 것이옵니다.

이차돈은 기도하는 자세로 목을 내밀었고,

죄인을 처형하라!

어느 한 순간 내리치는 칼날에 목이 달아났어요.

참으로 놀라운 일은 그다음에 일어났습니다.

이차돈의 목을 베자 머리는 멀리 날아가 금강산 (경주 시내에 있는 산이름) 꼭대기에 떨어졌고,

툭!

목에서는 흰 피가 나오고,

갑자기 컴컴해진 하늘에서 아름다운 꽃잎이 우수수 떨어졌으며, 땅이 크게 진동하는 것이 아니겠습니까!

모두들 소스라치게 놀라는 가운데 법흥왕이 조용히 입을 열었습니다.

아, 진정 부처님이 살아 계시는구나!

높고 거룩한 뜻을 지닌 신하를 죽였으니 이 일을 어찌할꼬!

법흥왕은 이차돈의 죽음을 위로하는 뜻으로 그가 짓다가 만 천경림의 절을 마저 짓도록 했어요.

놀라운 기적을 본 귀족과 신하들도 더 이상 반대하지 못했지요. 이때 완성된 절이 신라 최초의 절 '흥륜사(興輪寺)'입니다.

이차돈의 죽음이 헛되지 않았구나.

이차돈의 죽음 이후 신라에서는 더욱 빠르게 불교가 퍼져나갔고,

마침내 법흥왕은 불교를 신라의 국교로 공인하고 살생을 금지시켰습니다.

나아가 법흥왕 스스로도 나이가 들자 불교에 귀의해 승려가 되어 부처님을 섬기다가 세상을 떠났지요.

신라 천년의 문화, 그 중에서도 대표적이라고 할 수 있는 찬란한 불교문화는 이때부터 찬란한 꽃을 피우기 시작했습니다.

법흥왕의 깊은 신앙심과 이차돈의 순교로 마침내 꽃피우기 시작한 신라의 불교문화!

이 불교를 상징하는 연꽃은 진흙 속에서 피어나지만

그 깨끗하고 향기로움이 세상의 풍파에 얽매이지 않는 군자와 같은 풍모를 가졌다고 해서 '꽃 중의 군자'라고 불려질 정도로 기품 있는 꽃입니다.

한여름 무더위에도 물 속에 발을 담근 채 붉은색,

흰색으로 피어나 세상을 환히 밝히는 연꽃!

이 연꽃의 잎은 피를 맑게 해서 식재료로도 널리 쓰입니다.

마음을 편하게 하는 연잎밥
후대에도 계승되어야 할 찬란한 문화유산

우리나라는 예부터 음식을 싸서 먹는 쌈 문화가 발달하여 왔는데 음력 정월이 되면 건강하게 1년 내내 좋은 일만 있기를 바라는 마음을 담아 복을 싸서 먹는다는 뜻으로 복쌈을 먹곤 합니다.

쌈은 주로 넓은 잎을 이용하여 밥과 연근, 팥 등 기타 재료들을 넣어 잎과 함께 먹는 음식으로 절식(계절식)으로 분류해왔으며, 농업 국가였기 때문에 쌈 문화가 발달하는 건 자연스러운 문화였을 것입니다.

조선시대 정조 때 실학자 이덕무의 예법서 『사소절(士小節)』을 보면 "쌈을 먹을 때 손을 대서 싸지 말고 젓가락을 쓸 것"을 권고하고 있어요. 쌈을 먹는 모습이 양반들의 체통을 잃는다 하여 식사 예의까지 기록하고 있지만 아무래도 양반들보다는 서민 음식으로 더 많은 사랑을 받았을 것으로 추측됩니다.

그러나 연잎밥은 잎을 먹는 게 아니라 진한 연잎의 향을 주는 형태로 쌀과 각종 곡물을 넣어 밥을 지은 다음 다시 연잎을 싸서 찌는 조리법이기 때문에 여느 쌈 음식과는 다릅니다. 연(蓮)은 연잎, 연뿌리, 열매 등 하나도 버릴 것이 없는 식물로서 식용과 약용으로 애용됩니다. 『동의보감』에서는 마음을 편하게 하고 피를 맑게 하여 몸속의 열을 조절하는 효능을 가지고 있다고 기록하고 있으며, 양학적으로는 레시틴이 함유되어 있어 심혈관 질환과 치매 예방에도 도움이 되는 식품입니다.

불국토를 향한 신라인들의 마음속에 피우는 연꽃과 같이 현세까지도 신라 임금님 제사음식으로도 진설하고 있으니 후대에도 계승되어야 할 찬란한 문화유산입니다.

신라전통음식 명인 차은정의
연잎밥 체험하기

식재료
연잎 2장, 찹쌀 2컵, 멥쌀 1컵, 팥 ¼컵, 강낭콩 ¼컵,
연근 100g, 깐밤 ¼컵, 대추 ½컵, 소금 약간

조리순서

❶ 연잎은 흐르는 물에 씻어서 물기를 닦아낸다.

❷ 밤과 연근은 먹기 좋게 썰어둔다.

❸ 팥과 강낭콩은 삶아낸다.

❹ 솥에 찹쌀, 멥쌀, 팥과 강낭콩을 넣고 물을 부어 약간의 소
금을 넣어 고슬하게 밥을 짓는다.

❺ 연잎에 ❹의 밥을 올리고 연잎을 접은 다음 꼬지로 꽂은
후 찜솥에 김이 오르면 15~20분간 쪄서 완성한다.

경순왕의 술과 육포

신라 제56대 경순왕은 신라 천년
의 역사에서 마지막 임금입니다.

이때 신라는 이미 나라가 기울 대로 기울
어져서 마치 바람 앞에 등불 같은 운명이
었지요.

이보다 앞선 제55대 경애왕 4년(927)에는 후백
제의 견훤이 신라의 국경을 침범해서 수도 금성
으로 쳐들어온 일도 있었습니다.

이를 어찌할꼬…
고려의 태조 왕건에게
도움을 청하도록 하라!

그러나 왕건의 구원군이 도착하기도 전에 견훤은 서라벌 도성으로 진격했지요.

신라를 쳐라!

이때 경애왕은 여러 신하들을 거느리고 포석정에서 잔치를 벌이고 있었습니다.

풍악을 울려라!

폐하! 후백제군이 몰려오고 있습니다.

견훤의 군사가 우리 국경을 넘었다고는 하지만 걱정할 것 없다.

조만간 왕건의 군사가 우리를 도우러 올 것이다.

그러니 오늘은 마음놓고 취하자꾸나!

그러나 경애왕의 방심의 대가는 참혹했습니다.

폐하! 견훤의 군사가 성 안으로 진입했습니다.

뭐야!

적군이 곧바로 포석정으로 들이닥치자 혼비백산한 왕과 왕비는 궁궐로 도망쳤고,

아이고, 어서 도망쳐라!

경순왕의 술과 육포 189

그 밖의 여러 신하와 궁녀들은 사방으로 흩어져 달아나다가 적군의 포로가 되었습니다.

이놈들을 모두 포승줄로 묶어라!

제발 목숨만 살려주십시오

목숨만 살려주시면 노비가 되어 평생 일하겠습니다.

서라벌을 점령한 견훤과 그의 군사들은 신라 왕궁을 거처로 삼아 관청과 백성들의 재물을 약탈하고 마음에 들지 않으면 불을 질렀습니다.

사람 살려!

불이야!

아비규환이 따로 없구나.

견훤이 신라왕을 잡아들이라 하니 곧 경애왕과 왕비가 잡혀와 견훤 앞에 무릎을 꿇었습니다.

신라의 왕과 왕비를 잡아 왔습니다.

노여움에 가득 찬 견훤이 경애왕을 노려보며 말했습니다.

임금으로서 백성은 돌보지 않고 제 목숨만 살릴 궁리를 하니 네 죄는 도저히 용서할 수 없다.

내 손을 더럽히고 싶지 않으니 스스로 목숨을 끊어라!

그리하여 경애왕과 왕비는 강요에 못 이겨 자결을 하고 말았습니다.

견훤은 경애왕의 친척인 김부(金傳)로 하여금 왕위를 계승시키니 그가 바로 경순왕으로서, 재위 기간은 927년부터 935년까지 8년간입니다.

임금의 자리에 오른 경순왕은 먼저 죽은 경애왕의 장례부터 치러주었는데,

적군에 의해 치욕적인 죽음을 당한 경애왕을 추모하옵니다.

이때 소식을 들은 고려 태조 왕건은 사신을 보내어 신라 왕실을 위로해주었습니다.

저희 폐하께서는 신라의 슬픔을 함께하시겠답니다.

오, 태조 왕건께서는 정말 훌륭하시오.

이처럼 신라는 포악한 후백제의 견훤과는 달리 고려와는 사이좋게 지냈어요.

고려는 우리의 우방이오

경순왕이 임금의 자리에 오른 이듬해(928) 봄에는 고려 태조 왕건이 직접 50여 명의 기병을 거느리고 신라를 방문했습니다.

이에 경순왕과 여러 신하들은 도성 바깥으로까지 마중을 나갔다가 함께 대궐로 들어와 서로에게 정성과 예의를 다하고 임해전(臨海殿)에서 잔치를 열었습니다.

환영합니다. 어서 오십시오

인사드립니다. 고려 태조 왕건이라 하오.

이 자리에서 술이 얼근해진 경순왕이 눈물을 흘리며 왕건에게 말했지요.

지난날 견훤의 약탈과 횡포로 말미암아 나라가 망하게 되었습니다. 이 일을 장차 어찌해야 합니까?

그러자 왕건을 비롯해 자리에 있던 사람들도 하나같이 눈물을 흘렸지요.

폐하…

이때 왕건은 수십 일을 머물다가 고려로 돌아갔는데, 신라에 있는 동안 본인은 물론 부하들도 예의에 흐트러짐이 없어서 신라 사람들은 칭찬을 아끼지 않았어요.

옛날에 견훤이 왔을 때는 마치 늑대와 범을 만난 것 같더니,

지금의 고려 사람들은 마치 부모가 온 것같이 따뜻하구나.

고려로 돌아간 왕건은 답례로 사신을 보내 신라 왕실에 인삼과 안장 갖춘 말을 주고

이것이 그 유명한 고려의 인삼이구나.

신라의 신하와 장수들에게도 벼슬에 따라 귀한 물건을 선물로 주니

감사하옵니다.

고려는 정말 믿을 만한 나라야.

그 뒤에도 고려 왕건은 한두 차례 더 신라를 방문했는데,

올 때마다 경순왕은 왕건의 손을 잡으며 이렇게 하소연했습니다.

저 늑대와 범 같은 견훤 때문에 살 수가 없습니다.

살아도 산 것같지 않은 세월이 몇 년 더 흘러 마침내 935년 10월이 되었습니다.

이제 신라는 사방 땅이 남의 나라에 빼앗겨 더 이상 버틸 재간이 없었습니다.

만만한 신라의 땅을 차지하자!

경순왕은 하는 수 없이 왕실의 친척과 여러 신하들을 불러놓고 말했어요.

더 이상 버틸 수 없으니 우리 신라를 고려 태조 왕건에게 넘깁시다.

예?

그러자 찬반 양론이 들끓는 속에서 왕태자가 눈물을 흘리며 말했어요.

천년의 역사를 가진 이 나라를 어찌 가벼이 남의 손에 넘겨주겠습니까?

마땅히 백성과 신하들이 힘을 합쳐 나라를 다시 일으켜세워야 하옵니다.

그러나 경순왕은 고개를 가로저었어요.

그대의 뜻은
기특하나 이미
이 나라는 더 이상
강해질 수도 없고,

현재의 상태를
지켜내기도 어렵다.

버티다가 죄 없는 백성들을
참혹한 죽음의 구렁으로
내모는 것은 더욱
참을 수 없는 일이다.

아바마마, 통촉하여
주시옵소서.

그리하여 마침내 경순왕은 사신을 고려에 보내 나라를 바칠 뜻을 왕건에게 전했습니다.

폐하, 신라의 사신이
도착했습니다.

어서
들어오시라
하오

사정이 이렇게 되자 도저히 받아들일 수 없었던 왕태자는 울면서 아버지 경순왕에게 하직인사를 올리고

개골산(皆骨山, 지금의 북한 금강산)으로 들어가서 삼베옷을 입고 풀을 먹다가 세상을 마쳤습니다.

이분이 바로 유명한 신라의 마지막 왕태자 '마의태자'입니다.

한편 사신으로부터 소식을 전해들은 고려 태조 왕건은 신라의 수도 금성(지금의 경주)에서 고려의 수도 개경(지금의 북한 개성)까지 항복하러 오는 신라 사람들을 맞아들일 준비를 했고

마침내 경순왕은 신하들을 거느리고 신라를 출발했는데 그 모습이 장관이었어요.

수레도 금빛으로 호화스러워요.

수레 행렬의 길이가 30여 리까지 이어졌어요.

역시 신라의 문화가 화려하구나.

고려 태조 왕건도 도성 바깥으로까지 나가 경순왕 일행을 맞아들여 함께 대궐로 들어왔습니다.

그리하여 왕건은 대궐에서도 가장 좋은 구역인 유화궁(柳花宮)을 경순왕에게 주어 머물게 하고

고려 왕태자보다 높은 '상주국(上柱國) 낙랑왕(樂浪王) 정승(政丞)'이라는 벼슬을 내리는 동시에 식읍(食邑, 왕족, 공신, 대신들에게 공로에 대한 특별 보상으로 주는 토지) 8,000호를 주었습니다.

그리고 경순왕을 모시고 온 여러 신하와 장수들에게도 모두 벼슬을 내려주었지요.

천년 역사의 신라도 이렇게 사라졌습니다.

고려를 위해
충성을 다하겠습니다!

그 후 경순왕은 고려의 수도 개경에서 40여 년을 더 살다가 고려 경종 3년(978)에 세상을 떠났습니다.

이때 많은 사람이 그의 무덤을 다른 신라의 왕릉이 있는 경주에 만들려고 했으나,

당시 고려의 풍습이 왕의 시신은 도성에서 10리를 벗어나지 못하게 되어 있어 하는 수 없이 경기도 장단군 장단면(현재의 연천군 장남면)에 모셨습니다.

망국은 이토록 슬픈 것입니다.

세상 사람들은 나라를 고려에 바친 경순왕을 더러 비웃기도 하지만 반드시 그렇지만은 않습니다.

경순왕의 말대로 그때문에 죄 없는 신라의 백성들이 참혹한 꼴을 당하지 않았으며,

그렇게 하여 목숨을 보전한 사람들이 계속 자손을 퍼뜨려 오늘날 우리나라 성씨의 상당수가 '경주'를 본관으로 두게 되었지요.

신라 천년은 이렇게 막을 내리고

이후 고려와 조선으로 이어지는 새 천년의 세월이 흐르는 동안 서라벌은 긴 잠에 빠졌습니다.

그러나 화려했던 신라의 역사를 아는 선비들은 이제 잡초만 무성한 서라벌을 지날 때면 그 쓸쓸한 감정을 이렇게 노래했습니다.

첨성대는 반월성에 우뚝 서 있고

옥피리 소리는 만고의 바람을 머금었구나

문물은 이미 신라와 함께 다하였건만
슬프다, 산과 물은 고금이 같구나.

농림축산식품부 향토산업 육성사업
경주신라약선사업단

기원전 57년에 세워진 신라는 우리 역사상 가장 오랜 기간 왕조를 유지했던 나라로써 신라의 발상지이자 약 천년 동안 56명의 임금의 이야기가 지금도 살아 숨쉬고 있습니다. 경주는 한국 음식의 원형이 잘 보존된 곳으로, 특히 고유한 식치문화(食治, 음식으로 몸을 다스린다는 개념)인 신라 약선음식을 계승해오고 있습니다.

경주시는 예로부터 전해 내려오는 신라의 약선음식을 현대에 맞도록 재조명하기 위해 2018년 신라약선산업화사업단을 발족하고, 경주의 생산농가와 식품회사를 연계하여 제품들을 공동으로 연구 및 개발하고 다양한 판로를 통해 경주의 향토산업을 육성하고자 노력하고 있습니다.

가양주 뽀글뽀글 술 익는 소리
집집마다 독특한 비법으로 만든 술

일제강점기 이후 술은 관청에서 허가받은 술도가에서만 만들어 팔 수 있도록 하였습니다. 그 전까지는 가정마다 각자 술을 담그었던 가양주(家釀酒)가 있어서 그 맛도 모두 달랐다고 하지요.

'술' 하면 우선 쌀과 누룩과 물로만 만든 전통 동동주를 떠올리게 되지요? 동동주는 단양주(單釀酒, 한 번 빚은 전통술)를 빚는 과정에서 얻게 되는 술을 말합니다. 단양주의 발효가 끝날 무렵 뽀글뽀글 술 익는 소리와 함께 밥알이 동동 뜨는 모습을 보고 '동동주'라고 부르는 거예요. 술지게미를 제거하면 탁주, 즉 막걸리가 되는데 이 상태에서 용수를 박아서 맑게 뜬 청주에 비법을 넣어 만들면 거기서부터 술의 이름이 다양해진답니다.

가정마다 최고의 술맛을 내기 위해서는 직접 곡식을 생산하고 손과 발로 누룩을 띄워서 깨끗한 청정수를 사용함으로써 술을 빚는 전 과정에 공을 들이는데 그 과정에서 집안의 술맛도 좌우되는 것이고요.

이렇게 가양주를 담아놓았다가 손님이 오면 주안상을 차려 내기도 하고 요리를 할 때도 사용하였어요. 그러다보니 집집마다 전수법도 다르고 누룩에 밀, 보리, 콩, 팥, 귀리, 옥수수 등 다양한 재료를 섞어 만들기도 하고, 또 꽃과 약초를 넣다보니 '약주'라는 말이 나오기도 했답니다.

품격 높은 가양주를 발굴하고 우리 전통주의 맥을 찾아 현대인의 입맛에 맞게 산업화하는 노력이야말로 세계 속에 우리 것을 우뚝 서게 하는 한국의 자긍심이지 않을까요?

신라전통음식 명인 차은정의
가양주 체험하기

식재료

쌀 1kg, 누룩 200g, 건조효모 5g, 물 1.5ℓ

조리순서

❶ **쌀을 씻어 불리기와 물빼기** 쌀을 깨끗이 씻어 물기를 뺀 후 여름에는 1시간 , 겨울에는 2시간가량 불려 채반에 물을 30분 이상 빼준다.

❷ **술밥찌기와 식히기** 찜솥에 베보자기를 깔고 김이 오르면 쌀을 안쳐 고두밥으로 술밥을 찐 다음 펴서 식히되 여름에는 차게, 겨울에는 미지근하게 식혀준다.

❸ **재료와 물 붓기** 용기에 누룩, 효모, 물을 붓고 술밥을 넣어 잘 섞어준다. 그다음 용기의 입구를 이물질이 들어가지 않도록 덮어준다. 이때 국화를 위에 뿌려두면 국화 가양주가 된다.

❹ **발효하기와 걸러주기** 매일 한 번씩은 젓기를 반복하고 맛을 보면서 변화되어가는 과정을 살펴본다. 2~3일이 되면 거품이 생기면서 왕성한 발효가 일어나는데 대략 5일부터는 맛있다고 느껴지면서 7일 정도가 되면 고두밥이 밑으로 가라앉고 도수가 높아지니 이때 맑게 걸러준다.

❺ 거른 술은 음료수병에 옮겨 차갑게 보관해두면서 생각날 때 마신다.

둘이 먹다가 하나 죽어도 모를 닭육포
귀한 손님의 술상에서는 빠지지 않았던 궁중음식

삼국시대부터 즐겨 먹던 육포(肉脯)는 살코기를 얇게 저며 장으로 양념하여 말린 음식으로 반찬, 안주, 제사상과 결혼 폐백 음식으로도 사용되어 왔으니 육포는 참 다양하게 쓰였던 것 같아요.

육포는 상고시대로 거슬러 올라가보면 채집을 해서 그대로 말려 먹었던 식량 중 하나였을 것으로 추측됩니다. 『삼국사기』 '신라본기'에서 신문왕 3년에 폐백 품목으로 '포(脯)'가 있었다는 기록을 찾아볼 수 있어요.

불을 사용하지 않고 가공하여 저장하기 쉽게 만든 육포는 과거에는 귀한 음식이었기 때문에 특정 계층만이 즐길 수 있었고, 또 그들의 술상에서는 빠지지 않는 궁중음식이었답니다.

소고기 우둔살로 만들어 특별한 분들께만 드렸다는 육포는 소고기뿐만 아니라 기름기가 적은 닭고기로 만들기도 합니다. 닭고기살을 식초에 담가 부드럽게 한 다음 간장, 대파, 통후추, 마늘, 매실액 등으로 조미하여 채반에 널어 건조해주면 수분은 날아가지만 영양소는 그대로 남아 있어서 쫄깃하고 그윽한 깊은 맛을 자아내는데 그 맛은 둘이 먹다가 하나 죽어도 모를 맛있는 약선 간식거리로 변신한답니다.

신라전통음식 명인 차은정의
닭육포 체험하기

식재료

닭가슴살 2kg, 물 3컵, 식초 1½큰술, 대파 5뿌리, 통마늘 10쪽, 건고추 4개,
통후추 2큰술, 간장 1컵, 물 2컵, 청주 1컵, 매실액 ½~1컵

조리순서

❶ 닭살은 0.5~0.7cm 두께로 포를 떠서 칼등으로 자근
자근 다져준 후 식초를 탄 물에 담가 조물조물하여 닭살을
부드럽게 해준 다음 베보자기로 물기를 닦아준다.

❷ 솥에 간장과 물, 청주를 넣고 대파, 통마늘, 건고추, 통
후추를 넣고 센불에서 끓인 후 천천히 식혀서 베보자기에
걸러준다.

❸ ❷의 양념을 닭살에 부어 주물주물하여 간이 충분히 배
게 한 다음 채반에서 양념을 살짝 빼준다.

❹ 채반에 널어 상온에서 건조하여 완성한다.

❺ 먹을 때는 꿀에 찍어 먹으면 소화를 도와준다.

여러분, 신라 음식 여행이 어떠셨나요?

좋았어요! 신라의 역사도 한눈에 볼 수 있어서 더욱더…

특히 백성을 사랑하는 신라 임금님들의 마음을 읽을 수 있었어요.

맞아요 신라의 전통음식은 애민정신에서 시작된 것이죠.

역시 세계문화유산의 도시답네요.

그런데 선생님, '금강산도 식후경' 이라고 갑자기 배가 고파졌어요.

그럼 우리 같이 안으로 들어가서 직접 신라 음식을 만들어서 시식해볼까요?

예!!

어떤 요리를 해볼까요?

무엇이든 좋아요 선생님이 추천해주세요.